99％の会社はいらない

堀江貴文
Horie Takafumi

ベスト新書
525

はじめに

あなたは「忙しい」を口癖にしていないだろうか?

世の中には「忙しい、忙しい」と言っている人が意外と多い。毎日残業、有給もなく、休みたいのに土日出勤させられ、会社に言われるがまま仕事をしている人であれば、その作業量はたしかに多いのかもしれない。理解できる。

だが、仕事をしている量で言えば、僕も「忙しい」と口にする会社員と同じか、それ以上だ。僕が発行しているメールマガジン『堀江貴文のブログでは言えない話』の近況報告を読んでもらえればわかると思う。

そんなこともあってか、最近は「堀江さん、忙しくないんですか?」と聞かれることも少なくない。さまざまな分野で仕事をしているから、そう思われてしまうのは無理もないだろう。実際、ロケット事業や予防医療事業やグルメ情報サービス事業、最近はゲーム事業や仮想通貨関連など、さまざまな事業を手がけている。

加えて、メディア出演にTwitterやFacebook、『755』などのSNS上の活動、メルマガや連載の執筆、オンラインサロン『堀江貴文イノベーション大学校（HIU）』の運営もある。

こうやって書き連ねてみると、多数の社員を抱える会社をやっているわけではないのに、事業数としてはかなり多いと思う。なんせ、僕の事業の根幹であるSNS media&consulting社のメンバーは、2016年6月時点で10名もいない。となれば、客観的に見て忙しいと思ってしまうのも無理のないことだ。

しかし当の僕からすると、「忙しいと感じることはあるものの、そんなにたくさん仕事をしていない」と思ってしまう。

同じ時間だけ稼働しているのに、「忙しくて大変」と感じる人と「そこまで忙しくない」と感じてしまう人。

この差はどこにあるのだろうか？　答えは簡単。前者は「他人の時間」を生きる苦しいい忙しさで、後者は「自分の時間」を生きる楽しい忙しさだからだ。

僕は「自分の時間」で忙しい。自分のことで忙しいので、忙しい状態が苦しいものではなく、むしろ楽しい時間であると感じてしまう。

たとえば、グルメ店舗を紹介するサービス『ＴＥＲＩＹＡＫＩ』を手がけているので、楽しい食事もある意味仕事だし、その後の飲み会でさまざまな人々と出会うことで数多くのサービスもスタートさせた。「人狼ゲーム」も楽しんでいるうちにいろいろな人と出会い、人狼ゲームの舞台を主催することにもなった。

このように、「自分の時間」であれば、楽しい毎日を送ることは難しくない。忙しいことは幸せであり、自分の時間を生きることが幸せの指標になると考えている。

しかし、世の中には忙しくて不幸だと感じている人が少なくない。それは「他人の時間」に縛られてしまうからだ。

なぜ、そのような事態になってしまうのか？　それはただ単純にカタチに縛られてしまうからだろう。そうやって生きていくことが正しいと思っているからだろう。

世の中の大多数の人々が所属している「会社」という仕組みでは「他人の時間」に縛られることが多い。やりたくもない仕事をさせられ、ただただ給料を貰うため、生活するためだけに仕事をこなす。それでは「楽しい忙しさ」を手に入れることは難しい。

それならば、会社に属さなければいい。日本の社会では、良い大学に行き、良い会社に就職し、その会社で正社員として勤め上げることが正解だと言われる。苦しくても、このレールから外れないことが正しいと教え込まれる。

しかし、本当にそれが正しい、いや幸せなことなのだろうか？

幸せの尺度は人によって違うものだ。レジ打ちのバイトで豊かな生活はできないが、自分の時間があることで幸せと感じながら一生を終える人もいる。

「自分の時間を生きる」。僕が起業を勧める理由もそこにある。レールから外れること、そして自分一人で起業・行動することは不安だと感じるかもしれない。自分に何ができるのだと、思うこともあるかもしれない。

だが、安心して欲しい。これからの時代、そんな不安はなくなっていく。

ＩＴ化が進み、世の中ではさまざまなことが変わった。電話ではなくメールやＬＩＮＥ、会議もネットのグループ通話で十分、知りたいことは図書館に行かずともネット検索で済むようになるなど、場所という制限が取り払われ、世界は極端に狭くなった。テレビや新聞がなくてもスマホで簡単にニュースが手に入るようになり、メディアのあり方は急速に変化した。さらに、これからはＡＩや人工知能などの発達によりその流れが加速し、人間が自分だけではできなかったことを代替してくれる時代がやってくる。

それだけではない。いまや会社という組織がなくても、他人に協力をしてもらい、お互いにとって楽しい忙しさを作り出すことだってできるのだ。

事実、僕はその仕組みを考え実行し、まだまだではあるがその基盤となるカタチを作り出しつつある。「それはホリエモンだからできるんだ」と思われるかもしれないが、そんなことはない。これは誰であってもできることだ。

本書はこれからの組織のカタチと、新しい働き方を記している。僕のように好きなことを、うまくいけば遊びですら仕事にできる時代が必ずやってくる。そして、「自分の時間」を生きる忙しさを手に入れることができれば、誰でも納得のいく幸せな人生を送ることができるようになると信じている。

これからの時代の幸せは「自分の時間」をいかに生きるかで決まる。

会社勤めをしながら、自分の時間を生きている人は、１００人のうち一人くらいだろう。

そう、「99％の会社はいらない」。そして、遊びが仕事になる時代がやってくる。

これからそのことを証明しよう。

99%の会社はいらない

◉目次

はじめに　3

第1章　日本の会社はおかしいと思わないか？

本当に「会社」は必要なのか？　18
これから会社員の給料は上がっていかない　20
会社という割高な保険への加入　24
日本の社会は差別化を知らない　26
日本は「世界でもっとも成功した社会主義国」　28
スペシャリストを求めつつ、ジェネラリストを育てる矛盾　30
古い体質から一歩も前に進まない　33
自分の仕事が減るのが怖い　37

社長にはバカか天才しかいない　39
日本からイノベーションが生まれない理由　43
日本の古い習慣を崩した、唯一の人物　47
雇った社員の違法行為は防げない　48
面倒くさい感情マネジメント　52
マンパワーもロールモデルもいらない　54

第2章　仕事のない時代がやってくる

仕事がなくなるのではなく、仕事から解放される　60
お金は時間を効率化させるためのツール　62
「最適化」で面倒な仕事を減らす　65
「捨てる力」はこだわりとプライドにある　68

ファッションですら最適化できる　71
会議は会議室ではなくスマートフォン上で　73
システムがあれば感情論はいらない　76
テレビの価値はブランディングとアンプリファイア　79
テキストの力を侮ることはできない　82
「名刺交換」を面白い仕組みに作り替える　85
市場原理であらゆる無駄をなくしていく　88
ググれない人々と、AIのマッチング　91

第3章　だから「遊び」を仕事にすればいい

お金がなくても生きていける時代　98
10年後のビジネスを作る「遊びの達人」　100

仕事はエンターテインメントであるべき　104
注目されているエンターテインメント業界　106
メジャーを目指すなら、マイナーなネットから　108
好きなことを武器にして、「マイナー&高収入」を目指せ　113
グローバルマーケットを狙えばマイナーでも勝てる　116
マイナーという安定したインフラを活用せよ　120
「面倒くさい」も理解できる　122
失敗は当たり前、失敗したらすぐ忘れる　124
毎日続けること、真似をすること　126
修業する時間があれば情報収集を　130
テレビに負けない価値を自分で作り出せ　134
とことんハマっていくと新しい展開が拓ける　136

第4章 会社ではない新しい組織のカタチ

ホリエモンという〝独裁者〟 144
オンラインサロン発足の秘密 150
イノベーションを生み出すための仕組み 153
ムーブメントには「2人目」が大事 156
サロンの仕組みは「推進力」で成り立っている 160
大学院にも企業にもできない研究のカタチ 163
楽しみながら学ぶ「新時代の塾」 167
サロンに民主主義はいらない 171

第5章 会社に属しているあなたへ

ギブ・アンド・ギブ 178
キングコング西野にみる、惹きつける力 181
相手ののどに小骨を突き刺せ 184
〝人気者はノリが良い〟の法則 189
他人に迷惑をかけるという求心力 192
人は「スキル」に惹きつけられる 197
相手の心を読む前に、自分をさらけ出せ 200
イノベーションのジレンマと、本当の幸せの定義 202

あとがき 206

構　成／杉原光徳
図版製作／大熊真一（ロスタイム）
協　力／堀江貴文イノベーション大学校
高橋昌憲
中谷仁美
西井康隆
西谷薫
濱彰史
水元英登

第1章

日本の会社はおかしいと思わないか？

本当に「会社」は必要なのか？

総務省の統計によれば、２０１６年の労働人口は６３９６万人と発表されている。そのうちの約８割が、雇用者と言われている人の数だそうだ。つまり、日本の大多数の社会人が「会社」という枠組みに属していることになる。

僕は常日頃から起業を勧めてきた。それは僕自身が起業することによって、ＱＯＬ（クオリティ・オブ・ライフ）を高めることができたと実感しているからだ。

嫌々会社に通い、楽しいと思えない仕事ややりたくもない仕事をして、日々を過ごす。どんなに頑張って仕事をしても給料はほとんど上がらない。早く仕事をこなせばこなすほど、給料は変わらないのに仕事量だけが増え、「ダラダラと仕事をした方が残業代も出て得をするのではないか？」ということが、頭の中でチラつく。

高度成長期のサラリーマンが退屈なルーチンワークに耐えることができたのは、社会の発展に自分の夢を重ね合わせることができたからだろう。しかし、高度成長期が終焉してからは、そういった共同幻想を抱くことはもはや不可能になり、ルーチンワークはただの退屈な仕事でしかなくなった。

こんな状態が健全だと思えないのは、僕一人だけではないだろう。

もちろん、会社に勤めることで人生が楽しいと感じているのであれば問題ない。飛行機を操縦することが大好きで、旅客機のパイロットとして航空会社に勤めるというのであれば、それはとても幸せなことだ。もしくは、お金儲けが目的なので、とても嫌な仕事ではあるが給料が良いので納得している、という人もいるだろう。

どんなことであっても、自分が楽しいと思えること、幸せだと感じることのために仕事をしているのであれば、それはＱＯＬが高いと言える。

だが一般的には、そこまで良い環境で仕事ができている人は少ないような気がしている。加えて、好きな仕事であっても、やはり面倒な部分はたくさんあるだろう。

僕も会社というものを経営してみて、面倒だと感じることや必要もないのに周りに合わせることなどが多く、辟易とした経験がある。自分でやっていた会社ですらそんな状態なのだから、昔から存続するような古い体質の企業であればなおさらだろう。

最近はありがたいことに周囲の人たちから、「また新しい会社を立ち上げて、大きなことをして世の中を変えて欲しい」なんて声をかけていただくこともあるが、正直、わざわざ会社を作るという面倒なことをしなくても、できることはたくさんある。

会社という枠組みがなければできないことなんて、ほとんどない。

むしろ、会社という不思議な枠組みのせいでがんじがらめになってしまうことの方が多い。

この章では、日本人が盲信しがちな会社という存在について考えてみたい。既存の会社の無駄な部分、会社があることの弊害。あなたがサラリーマンであれば、身に染みて感じることも多いのではないだろうか。

これから会社員の給料は上がっていかない

僕の知人である厚切りジェイソンさんは、芸人という仕事をしながらＩＴ企業の役員を務めている。彼は、自分を差別化するためのツールとして、大学時代に日本へやってきて日本語を学び、滞在している間に日本が大好きになったのだという。その後も日本で働きたいと思ったのだが、就職先として選択したのは日本ではなくアメリカの企業だった。

理由は日本の新卒の初任給に比べ、アメリカの新卒の給料が3～4倍ほど高かったからだ。

彼の言うように、日本の初任給は非常に安い。僕の同級生たちが就職活動をしていた約20年前も初任給は安かった。一番高いと言われていたテレビ局でさえ初任給は32万円程度。当時、僕は就職活動をせずコンピューター関連会社でバイト三昧の日々を送っていたのだが、その倍くらいの給料をもらっていたので、就職をする気なんてこれっぽっちも湧かなかった。

それでも、周りのみんなは既存のレールに乗って就職することが正しいと思い込み、就職活動をしていた。いまの学生の大部分も同じ考えを持っているのだろう。良い大学に入り、一流の会社に入るのが人生の指標になっている。さらに言えば、一流の会社でなくても正社員になることが大事だと考え、会社にさえ入れば年功序列で昇進していき、給料もそれなりに上がり、それで一生安泰だと思っている。

しかし、それは高度経済成長期のわずかな期間に存在した昔話でしかない。そんなロールモデルは幻想であり、もうどこにも存在しない。

実は、戦後に就職し、バブル崩壊直後に退職した世代以外は、終身雇用制の恩恵を享受できていない。バブル崩壊の数年後にはリストラがはじまっていたからだ。右肩上がりの経済成長や誰もが順当に昇進できるピラミッド構造なんて、最初から存在しなかったのである。

これからはさらに拍車がかかって、会社勤めに厳しい時代がやってくるだろう。今後の日本は少子高齢化が進み、当然ながら労働人口が激減していくのだから、給料が上がっていくわけがない。そんなことは人口ピラミッドを見れば容易に予測できる。

それだけではない。日本の企業には年功序列という意味のわからない制度があるおかげで、それなりの成績を収めていてもなかなか出世できない。業務とは一切関係のない社内の権力争いに巻き込まれることもあり、それが原因で足の引っ張り合いや仕事の奪い合いをする。

そんなこともあってか、最近になって優秀な人材は日本企業から外資系企業に移ったり、独立をするなどして、より良い環境に身を置くようになってきている。

2016年4月2日に台湾の鴻海《ホンハイ》精密工業に買収されたことが話題になったシャープは、買収される以前には優秀な社員から会社を出て行っていた。

ただ、これからはどうだろうか。日本企業としてのシャープは先行きが怪しく厳しかったが、鴻海が参加したことで将来性が期待できるだろう。買収によって経営再建の確度が高まったので、優秀な社員から辞めていくという状況にはならないのではないかと予測している。

常識的に考えれば、より良い環境、より報酬がもらえる場所に移っていくのが人の気持ちというものだ。しかし僕のように「これからの時代は給料が上がらないから、就職なんてあり得ない」と考える人は少数派で、多くの人は何も考えずに既存のレールに乗って就職をする。

それは「お金の話を真っ先に考えて動くのは良くない、恥ずかしいこと」という潜在意識があるからかもしれない。日本には、「お金のことを口にするのは良くないこと」という雰囲気がいまも存在している。子どものころからそうやって教えられ、その価値観が植え付けられている。

だから、誰も会社と給料の交渉をしない。本当は「もっと欲しい！」と思っているのに、欲しいと思うことが恥ずかしいと感じてしまう。自分の価値は本人ではなく他人が決める、というのも理解はできるが、実力があっても相見積もりもせず、一社の査定に二つ返事でＯＫを出してしまう。日本文化に染まった日本企業に埋没すると、自分の価値すらわからなくなってしまうのだ。

会社という割高な保険への加入

「会社にいれば安泰だ」という思いを持っている人が大多数だ。でも、安泰は「楽しい」ものだろうか？

人によりけりだが、多くの人の本音は「嫌なこともたくさんある」だろう。楽しくもない仕事を無理してやっているのは、嫌なことをやっているということだ。つまり、安泰と引き換えに、本当は嫌なことをやっている。

それでも、人々は安泰を選ぶ。これは、失敗を恐れるがゆえの「保険」をかけるからだ。僕に言わせれば、失敗が怖いからといって「会社にいながら人生を変える」とか

「保険をかける」という発想そのものが間違っている。

なぜそう思うのか？

何も難しく考える必要はない。単純に損得勘定で考えればわかると思うのだが、「保険」というのはコストが高いからだ。一般的な保険を考えてみればわかると思うが、そもそも保険会社が成り立っているのは、支出額よりも収入（顧客から徴収する額）が大きいからである。そんな当たり前すぎる話であるにもかかわらず、多くの人が高額で割高な保険料を支払い、保険に加入している。

こんなことは、みんな心のどこかでは気がついているはず。しかし、こと保険会社以外の「保険」ということになると、その存在にほとんどの人が気づかない。

何に保険をかけているのかと言えば、それは、よくわからない「安心」というものだ。ものすごく頭の良い人間が、今後どうなるかもわからないイケてない大企業でコツコツと働く。妻子を持ち家庭を築き、家のローンを組みながらお小遣い制に甘んじ、好きなこともできないでいる。

そんな状態にかける保険というのは、いったいなんなのだろうか。金銭的にも、生き方にしても大きく損をしている。保険をかけることは、ＱＯＬをものすごく下げるものでしかない。

そんなものに、みんな莫大なコストを払っているのである。

日本の社会は差別化を知らない

志望動機は何がしたいかではなく「一流企業だから」、それが日本の学生だ。そんな世の中の流れに呼応するかのように新卒一括採用という仕組みも存在する。そして、流されるままによく考えずに就職をしてしまう。

こうなってしまう原因は、日本では教育レベルで「自分では考えないでください」と教えられてきているからではないかと感じる。子どもの時分を思い出してみればわかるが、自分の意見を発信するよりも周囲に合わせることで親や先生から褒められるのである。「言われたとおりにやりましょう」と子どものころからずっと言われて育ってきているから、考えない大人になってしまう。

小学校の評価項目には「協調性」という項目があり、他人と違うことをするとダメ出しされる。なんとなく想像できると思うが、僕もご多分に漏れず、「協調性がない」と言われ続けてきた。周りに合わせないことで、ダメ人間の烙印を押されてしまう。幼心にショックだったことを覚えているが、そこは持ち前の気力で、「別に悪いことはしていないしな……」と思えたので大丈夫だったが、僕のように思えない人もいるだろう。結果、自分を抑えて周りに合わせることを覚えていく。

本当は周りと違う方が差別化になって得をすると思うのだが、日本ではそういうふうには教育されない。

歴史を遡《さかのぼ》ってみればわかるが、日本では市民革命が起きていない。明治維新は外圧を機に支配階級の下の方だった武士が起こしたもので、彼らがやったことと言えば、欧米の市民が革命で手にした成果をそのまま導入したこと。つまり、海外の優れた制度を日本に取り入れただけで、背景に哲学がないのである。

だからと言って、現代におけるグローバルスタンダードのビジネスを導入するかと言えば、それもしようとしない。親も先生もグローバルスタンダードというものを知らないので、結局、「みんなと同じように合わせなさい」と言うしかない。グローバルスタンダードなんていきなり言われても、聞いたこともないので「あれは間違っている」と反発してしまう。見ている世界の範囲が狭いのだ。

メディアの報道を見ていても感じるが、タレントの不倫や都知事の不正疑惑など身近な話題ばかりがフォーカスされている。その間に、世界ではテロが起きたりしているのに、よほどの大きな事件でもない限り大きく報じられない。それがいまの日本の社会だ。

日本は「世界でもっとも成功した社会主義国」

僕のメルマガのQ&Aコーナーによく送られてくる質問に、「上司に対して不満があるのに言えない。意見を言うと嫌われたり、クビを切られたりしないか不安」というものがある。意見を言えない状況があるのがそもそもおかしいことではあるのだが、絶対に意見は言った方がいい。

上司の立場になって考えれば理解できると思うが、部下が何かしらの不満を持っているとしたら、それは解決しなければならないと考えるものだ。もし、不満を持った部下を放置しておけば、いずれ自分に責任がふりかかってくることになる。だから、部下が上司に不満を言ったところで嫌われるようなことはない、というのが正論である。

しかし、一般的に日本人は不満を言わない。嫌われる可能性が頭をよぎってしまう。嫌われるなんて、一瞬でしかない。そのときに嫌われたとしても、あとから大事になるより、はるかにマシだ。

そもそも日本人は「相手と意見が違う」と「相手を嫌い」がごっちゃになっている。どんなに仲がいい人同士であっても、意見が100%同じなんて世の中には存在しない。意見が違うのが当たり前だし、異なった見解があるからこそ面白いと感じるものではないだろうか。

だから、僕はどんなに偉い人が相手であってもハッキリと「それは違うと思いますよ」と伝えるようにしているのだが、そんなことを言おうものなら、一瞬にしてその場の空気が凍りついてしまうのである。

僕は議論しても怖《お》じ気《け》づくことなく、積極的に知識を駆使して渡り合える人が好きだ。控えめで議論を好まない人とは一緒に働いても楽しくない。むしろ、ダメ出しをしてくれる人の方が、会社にとっても有益な人材になる可能性が高い。

ダメ出しであろうと意見を言ってもらえると参考になるから、相手の意見を聴くことは大事だ。重要なのは最終的に良い結果が出ること、それだけだ。

しかし、それができるのは、日本ではごく一部の人だけ。実際、本音を言い合うことに慣れていないだけに、意見の違いを理由に仕事を干されてしまう人もいる。周りに合わせること、上司に合わせることが最重要とされ、「裸の王様」を称えることが日本企業では行われがちである。

本来であれば、相手の立場で考えられるようにディベートの訓練などを学校教育で行えばいいのだが、学校の先生にとって意見を言う生徒は非常に面倒くさい存在になってしまう。学校は社会に反発しない人間を育てる教育をしていると言っても過言ではない。

その証拠に、多くの人が資本主義、民主主義社会だと思っている日本だが、世界からは「世界でもっとも成功した社会主義国」と皮肉を込めて言われていたりもする。そんな現実をみんな知るべきだ。

スペシャリストを求めつつ、ジェネラリストを育てる矛盾

日本人は転職に対しても消極的だ。環境が変わることを恐れているからかもしれないし、できれば現状のまま粛々と……と考えているのだろう。変わらないのは、たしかに楽である。

だが、つまらない。そんなに面白くない環境ならば、本当に好きなこと、面白いと思うことをやればいいと思ってしまう。しかし、会社の仕事を言い訳にして何もしない。会社に縛られて新しいことができない。

別に一つの仕事に限定せずに、いろんなことをしていいのだ。僕なんていつも「100束のわらじ」を履いているくらいの気分で生きている。でも、それを実際にやると不真面目であるとか、得体が知れないと思われてしまう。

以前、僕はネットの掲示板に「何をやっているかわからない人なので、怪しいと思う」と書かれたことがある。100束のわらじを履くことで「なんでそんなことまでやっているんですか?」と言われたりもする。なんでと言われれば、「楽しいから」というだけなのだが、「宇宙開発をやると決めたのなら、それだけをやっていればいいと思います」などと言われてしまう。

しかし、いろいろやることで普段と違う部分のスキルが磨かれ、結果的に相乗効果が生まれたりすることも多いはずだ。

日本ハムファイターズの大谷翔平選手も、ピッチャーとバッターの二刀流であることで、どちらかがおろそかになるのではないかと非難されることがある。野球という競技を極めているのだから、その中でどうしようと自由だし、ピッチャーとしてもバッターとしても文句のつけようがない成績を残しているのに、そんなことまで言われてしまう。専門があることが大事という考え方が染みつきすぎている。そもそも高校野球までは、エースで4番が賞賛されるのに、プロになってからの二刀流が批判の対象になる意味がわからない。

もちろん、一つのことを磨いて専門的に特化した、その道一筋のスペシャリストこそ素晴らしいという考えがあることは理解できる。

しかし、その専門性を褒め称えるのであれば、なぜ日本企業はなんでもほどほどにできるジェネラリストを育て、重宝したがるのだろうか？　なぜ一つの技能を極めたスペシャリストを大事にしないのだろうか？　しかもジェネラリストを求めるのに、副業を禁止して複数のスキルを磨く機会を奪っている。これほどの矛盾はない。

日本の会社では、入社すると大学で学んだ専門分野とまったく違う仕事をやらされる。会社側は、なんのために採用したのだろうと思ってしまう。異なった専門性を持つ人間をさまざまに雇い、学生時代の研究や経験を生かして組織を活性化させる方がよっぽどいいはずだ。

古い体質から一歩も前に進まない

ＩＴの技術やツールを使えば、人件費を削減したうえでミスを減らせる作業は少なくない。しかし、一般の会社ではなぜかシステムを作ったり導入したりすることよりも、人に任せる方向に動きがちだ。

古いやり方やシステムをそのまま使い続け、新しい仕組みやシステムを導入することに抵抗を感じる人が多いのだ。

もしそれを導入しようものなら、初めてのことを覚えるのが面倒くさいのか、「その新しいシステムを使って、いままで使っていたシステムをどう再現するか」ということを考えはじめたりする。新しいシステムをそのまま使うのではなく、いままでの自分たちの形に合わせたものにしていく。これだと新しいシステムの良い部分までも捨ててしまうことになりかねないし、意味がない。

僕もライブドアを経営していたときに新しいシステムをノーカスタマイズで導入したところ、現場から文句を言われた経験がある。表示されているデータは以前と同じものなのに、見え方が違うだけで「いままでの見え方に直さなきゃ」と思ってしまう人が多かったのだ。

しかし、その見え方を直せばコストが発生してしまうのは当然のこと、時間もかかってしまう。しかも、システムの各部分を個別に修正していく必要があるので、それによってシステム全体のバランスが崩れ、後から問題が発生する可能性すらも孕《はら》んでいる。

なぜ、このようなことが起こるのかというと、多くの会社の場合、上に立つものが物事をトップダウンで決められないからだ。

これは日本企業の特徴なのだが、上層部の人間の多くが、社内における調整能力を評価されて出世したパターンが多い。これがアメリカであれば、違った結果になる。トップの方針に従わないとコミッションをもらえないこともあれば、場合によってはクビになったりすることさえある。

　僕が投資をしている会社のサービスに、企業とそのサプライヤーがクラウド上で、取引文書を集中管理するプラットフォーム「トレードシフト」というものがある。請求関係の書類のやり取りをインターネット上でできるサービスで、企業間でアクセスできるタイムラインに見積書や請求書が出てきて、オンライン上で処理していくというものだ。

　これを使うと煩わしい紙の処理がすべて電子化できるので、アメリカではナイキやＤＨＬ、ゼロックスなどの大手がこのシステムを採用している。しかし、日本での導入はなかなか進まない。

　その理由を聞くと、「社名ロゴの横に社印が捺印されていないから」だという。そんなことで大騒ぎしているのが日本の会社なのだ。なんともアホらしい話である。だが、日本企業の場合「社印は必要だ」と言って譲らない。

　そこで、こんな提案をしてみた。

「企業のロゴを入れる機能がありますから、ロゴの横に社印の画像データを組み合わせたデザインにするのはどうですか?」と。

すると、手のひらを返したかのように「問題ない」ということになった。〝ハンコが押してある〟ということが大事だから「それでいい」というのだ。ハンコといっても、それは捺印ではなくただの画像なのに。

ハンコ以外にも日本企業は、古い体質を変えられないことが多い。

たとえば、手書きの領収証もそうだろう。どこでも買える同じような領収証に手書きで金額などを書き、ハンコを押す。会社では印字タイプのものではなく、その手書きが一番だとも言われる。

でも、冷静に考えてみて欲しい。

どこでも買えるような領収証の紙に、簡単に複製できる捺印、バイトが書いた手書き文字。そんな領収証など、正直、いくらでも偽造ができてしまうのではないか? それであれば、プリンターで印字したものの方がよっぽど信頼性が高いはず。

もちろん、海外では偽造できてしまう手書きの領収証は認めてもらえず、プリンターで印字された明細書でないと認められなかったりする。

このようなことは、日本が「ハンコさえあればＯＫ」という謎の文化を持っているからだろう。昔からやってきた習わしから、一歩も外に踏み出せない。そして、こういった小さな障壁がさまざまなところで発生し、連鎖を起こし、日本の進化を止めている。それが日本企業、いや、日本そのものの姿だと言える。

自分の仕事が減るのが怖い

請求書を電子化することや、ファックスを使わずにメールにしようと訴えかけても変わらない日本の会社。資料も紙に印刷するのではなく、社員にタブレット端末を持たせてテキストファイルで配布した方が効率はアップするし、最終的に大幅なコスト削減につながるのは確実だ。

最近になって航空会社では、社員に配布した iPad に資料を送っているが、航空関連の資料は本棚一つ分になるほどの膨大な分量なので早めに動いたのだろう。

そんな明らかなメリットがあることを理解しているにもかかわらず、変わらない。いや、正確には変わることができない。それは、日本企業の体質に問題があるためだ。

たとえば、社長が「電子化にはメリットがある」と思って印刷物の廃止を採用しようとしたとしよう。しかし、それを実行することで社内には仕事を失う人間が出てくることになるので、その部署の部長が断固として実行しようとしないのである。仕事がなくなってしまえば、自分たちは会社にとってお荷物でしかない。結果、新しいシステムや仕組みを導入すれば必要なくなると思われる仕事が、会社に残り続けることになる。

普通に考えればおかしな話だ。システムによって生まれたリソースを本当に必要な仕事に回すことが会社にとっても、社員の能力アップにもつながるはずである。それでも実行しないのは、新しいことに対応するのが面倒くさかったり、自分の仕事が減るのが怖いからだ。

いまの日本の会社は、仕事がなくなったからといってクビになることはない。その分、早く帰宅して、好きなことをすればいいだけだ。しかし、早く帰れば残業代は出ないし、社内ではお荷物と思われてしまう。だからと言って、新しい仕事を覚えるのは大変だしつらい、ということなのだろう。まったくもって意味がわからない思考なのだが、これが「日本の会社員」なのかもしれない。

こうやって、無理して仕事を作り出し、無理して働く。それで働いていると〝実感〟している。

風邪薬のＣＭがそれを象徴している。「どんなに風邪でつらくてもコレがあれば大丈夫」と、会社に出ることが正義のような風潮になっている。風邪の症状でつらいのであれば、どう考えても休むべきだ。体調が悪ければ仕事効率は落ちるだろうし、周りにいる社員にも迷惑がかかる。

でも、休めない。もしかしたら、自分がいなければ会社の仕事が回らないとでも思っているのだろうか？

だが、社内には代わりに仕事をしてくれる人が確実に存在する。多少手間どることはあるかもしれないが、なんとかなってしまう。事実、僕も「自分が辞めたら会社はダメになるかな」と思ったこともあったが、実際は大丈夫だったのだから。

社長にはバカか天才しかいない

僕がよく言っていることの一つに、「社長は本当にバカばっかかり」というのがある。

世の中一般的には、社長は天才というイメージを持っている人もいるだろうが、「バカと天才は紙一重」とはよく言ったもので、語弊があることを覚悟で言えば、商売なんてバカでもできる。

起業してうまくいっている人も、バカと天才しかいない。こう言ってはなんだが、うまくいっている人の半分以上がバカだ。後先を考えられないから、リスクも考えられない。だから行動することができる。申し訳ないが、周りに頭がいいと思える社長なんてほとんどいない。

僕が知っている限り、社長の中で本当に頭がいいと思えたのは、光通信の重田康光さんなど、ほんの数人だ。だから、僕は社長連中とつるんで遊びに行くこともない。頭の悪い人間と話をしていても、何も楽しくないからだ（そもそも直接会って話をしても、面白いと感じられる人間なんて数少ないという話でもあるが……）。それであれば、バカはバカでも頭でっかちのバカではなく、楽しいバカと飲みに行きたい。

「社長がバカ」と言えば、たとえばこんな話がある。以前に出演したクイズ番組では、サッカー選手グループやエリートサラリーマングループなどといったグループごとに予選が行われ、その際に僕は「社長グループ」に振り分けられたことがあった。正直、ラッキーだと思った。というのも、社長なんてバカばかりなので絶対に勝てると思ったからだ。

そんな僕の思惑は的中し、案の定、圧倒的な結果で予選をトップ通過することができた。これがエリートサラリーマングループであればそうはいかない。エリートサラリーマングループの中で競う方が厄介だ。だから、エリートサラリーマングループと社長グループがあったら真っ先に僕は後者を選ぶだろう。それほど、社長と争った方がはるかに勝つのが楽だったりする。

社長はバカが多い。だから、ある意味で競争が緩い。ちょっと頑張って情報収集したり、それを発信するだけで頭一つ抜け出すことができる。そんな環境に身を置いているので、僕自身は大したことをやっていないという思いがあり、そういう意味でものすごく自己評価が低かったりする。毎日、楽しみながら働き、飲んだくれていても全然やっていけるくらい競争が緩い世界にいると思うからだ。

正直、損得勘定で言えば、「社長はみんなバカだ」なんて発信することは僕にとってデメリットでしかない。そんなことを言って競争を煽《あお》らずに黙っていれば、自分は楽をすることができる。

でも、僕のそんな小さい幸せなんてどうでもいい。

こんなに楽な場所に飽きてしまっていたりもする。だから、もっと賢い人間にどんどんマーケットに参入してきて欲しいし、「僕も頑張らなきゃ負ける」という場所にして欲しい。

そうやって、賢い人が競争に参加することで、世の中のイノベーションは一気に進む。結果、世の中はいまより便利で素晴らしいことが増えてくるようになる。

社長というのはバカか天才しかいない。そして、バカと天才は紙一重だ。優秀なエリートは、保険をかけるような「小利口」な人間が多すぎる。

小利口な人というのは、元・光通信の村上輝夫さんが教えてくれた言葉で、中途半端に頭がよくて、先のことなんかを考えてしまう人のことだ。先を考えるがゆえに、バカになりきれない。せっかく頭がいいのだから、もっとバカになってこの世界の競争を激しくしていって欲しい。

日本からイノベーションが生まれない理由

悲しいことに最近は日本企業が劣化した、みたいな話を聞く。実際、僕もそのように感じることは少なくない。

家電メーカーは科学的な信憑《しんぴょう》性のないマイナスイオンを提唱し、大手食品メーカーは、体にいいと謳って水素水を販売する。たしかに古くから電解陰極水が健康にいいとの言説はあったが、その科学的な根拠はいまだに出ていない。

そういった都市伝説や感情論を利用してユーザーに訴えかけないと、商売ができなくなってきている状況は厳しい。そして、そんな商品がバカみたいに売れていたりする状況も、アホらしいの一言である。

ソニーがウォークマンを発売したときのように、既存の価値観を破壊してしまうようなイノベーションが最近の日本企業からは生まれていない。

それはなぜなのだろうか？

一つは日本の会社には、異端の技術者や経営者が能力を発揮できる環境がないからだろう。会社の中で出世をするのは、どちらかと言うと新しいことに挑戦する人間ではなく、無難な選択をする人間だ。

だからこそ、イノベーションは個人が運営しているようなベンチャー企業から生まれることが多い。破壊的とまでは言わないまでも、それなりのイノベーションを起こした会社の方が、新しいことに踏み出せない会社よりも成長する。

これがアメリカの場合だと、企業のスタートアップの段階でとてつもない金額が投資されることもある。失敗する事例の方が圧倒的に多いのだが、それでもパワープレイに持っていけるような額が集まったりもするのである。「ユニコーン企業」（企業としての評価額が10億ドル以上で、非上場のベンチャー企業のこと）という言葉があるように、未上場にもかかわらず数百億円を調達している企業もあるくらいだ。

加えて「周りと同じことをしなさい」という日本の画一的な教育では、経営者のマインドが育ちにくいこともある。もちろん社員のマインドも、周りと同じことをするべきだという考えなので、どうしようもない状態になる。

起業家という選択肢は日本でもかなり認知されてきたが、それでもまだまだ「一般から外れた変わった道」という風潮が残っている。

しかしアメリカでは、教育の段階で「人とは違うこと」が推奨される。言ってみれば、人と違うものを作り出す起業家がカッコいい職業として認知されるのだ。

そして、会社員であってもイノベーションを促進させる環境が用意されていることがある。

検索エンジンで名を馳せたGoogle社（元・Alphabet社）はその一つだ。

ご存じの方も多いとは思うが、Googleには「20％ルール」というものが存在しており、就業時間の20％以内であれば、会社の設備を自由に使って好きなことをして良いという制度がある。

そこで立ち上がった企画がGmailやGoogle Maps、Google翻訳などのサービスである。これらは、Googleが開発したスマートフォン向けのＯＳ『Android』やiPhoneに搭載され、世界中の多くの人に利用されるサービスへと変貌を遂げた。結果、ナビゲーションシステムを駆逐できるほどのイノベーションを巻き起こしている。

そして、Googleは現在も車の自動運転技術、眼内レンズなど本業とは違う部分の業務にも取り組んでいる。

インターネット通販大手の『Amazon』も売上高を伸ばしつつも、内部留保を一定として利益のほとんどを新しい事業に投入。税込み3900円の年会費だけで、通販送料無料、音楽聴き放題(Prime Music)、動画見放題(プライム・ビデオ)のサービスを展開するだけでなく、流通革命を起こすであろうドローンによる配送なども手がけている。

一方の日本企業と言えば、2015年の9月時点で内部留保が343兆円(全体)。安倍内閣発足直後の2012年12月から約3年で約69兆円も貯めこんでいるのに、イノベーションを起こせていない。ネタバレで恐縮だが、火星に宇宙飛行士が一人取り残され、その救出劇を描いた映画『オデッセイ』でも、救出に協力するためのロケットを提供するのは日本ではなく中国だ。日本の宇宙事業というのは、悔しいことに世界から〝そのように〟見られている。

いまの日本、そして今後の日本を物語るストーリーからもわかるように、イノベーションを巻き起こす会社は、残念なことに日本にはほとんど存在しないのである。

日本の古い習慣を崩した、唯一の人物

日本企業に古くから巣食う習わしを崩した唯一の人物がいる。小池百合子さんだ。

小池さんが改革を行ったのは、2003年の小泉内閣時代に環境大臣を務めていた当時のこと。小泉純一郎さんから「夏場の軽装による冷房の節約」をキャッチフレーズにしたらどうかとアドバイスされ、夏場でも冷房温度を28度に設定することを推進するために、ネクタイや上着を身につけない「クール・ビズ」を打ち出した。

それまで日本のサラリーマンは真夏の灼熱の中、ダークスーツにネクタイを締め、額に汗をダラダラ垂らしながら仕事をしていた。そうやってつらい思いをしてでも、型にハマり、右に倣《なら》えをすることが正しいと思い込んでいたし、相手に失礼にならないとも思い込んでいた。

でも、実際はつらいに決まっている。本音を言えば、周りが許容してくれさえすればスーツを着用せずノーネクタイになりたいと思っていただろう。

そんなさなかに、「クール・ビズ」が提唱された。その途端、世の中から夏場にネクタイを締める人がいなくなった。

これをどこかのサラリーマンがやったところで、誰も見向きもしなかっただろうし、むしろ白い目で見られただろう。僕もTシャツで会議に出た際に、嫌味を言われたことだってある。気温が高くて暑いのはみんな同じであって、軽装の方が効率が良いことを理解できるはずなのに。

それでも、クール・ビズは実現した。これは時の大臣が自ら旗を振って「私も夏は軽装にします」と言って実行したからに他ならない。いわゆるトップダウンなのかもしれないが、誰もが思っていた普通に考えれば当たり前のことをやっただけだ。

組織というものは、年功序列や社歴で優遇したり、厳しい上下関係を作るのではなく、実力のある優秀な人にどんどん権力を与えた方が活性化する。

誰もが思っていることを実行し、誰もが「それいいね」と納得できるアイデアを打ち出す。そうやってリーダーが率先して変えていかない限り、日本の古い習慣は変わっていかない。

雇った社員の違法行為は防げない

話を会社に戻そう。ご存じのとおり、僕はかつて会社を経営していた。このときに感じたのは、人を雇うことにはリスクがつきものである、ということだった。

残念なことに、ライブドア時代にも僕の知らないところで違法行為に手を染める社員が少なからず存在した。

細かいところで言えば、残業代のごまかし。基本給25万円の人間が会社に泊まっている時間も残業時間に加算し、残業代を90万円くらい平気で請求してきたこともあった。他にも、オフィス向け用品の通販サービス「アスクル」で業務に使用する消耗品を注文する際、許可もなく社員たちの食事としてカップラーメンを大量に注文していた、なんてこともあった。

明らかな違法行為としては、データセンターの担当者が機材納入の際に取引先からバックマージンを受け取っているだけでなく、過剰接待を受けている事例もあった。下手をすれば、こんなのはどこの会社でも行われていることかもしれない。目の届かないところで、意図的に不正をされてしまえばわからない。

だが、こう言ってはなんだが、こんなものは可愛い方だと思う。

2004年に摘発された「メディア・リンクス事件」はそんなものとは比べものにならないほど大きな不正だった。情報システム開発・販売会社「メディア・リンクス」（大阪市）が、架空取引を繰り返して売上を膨らませ、有価証券報告書に虚偽の記載をしていたこの事件。取引先としてライブドア、伊藤忠テクノサイエンス（当時）を含む約20社が参加し、巨額の利益を得ていた問題だ。

この事件、もともとは伊藤忠テクノサイエンスからライブドアに来た社員が不正に手を染めていた。伊藤忠テクノサイエンスの元社員はいろんな会社で、そうした架空循環取引、俗に言う「回し」をやっていた。これも、監査法人の指摘で判明したことなのだが、不正行為は僕の目の届かないところで行われていたのでまったくわからなかった。

架空循環取引は見つかりにくい不正だが、「バレる」とわかっている違法行為を行う社員がいるのは不思議なことである。

これもまた伊藤忠テクノサイエンス出身の社員が行ったことなのだが、なんと住友商事の社印偽造が見つかったのである。もちろん、社印を偽造するのは簡単なことだ。しかし、上場企業はある一定の売上がある場合、四半期ごとに監査が行われ、年に一回の決算では取引先に取引確認の書類が送られることになっている。なので、社印を偽造したところで、不正が露見してしまうのは頭が良くなくても理解できるはずだ。

そもそもハンコなどという偽造が簡単にできるような時代遅れのツールに信用があること自体が問題ではあるのだが、確実にバレるようなアホな行為をする人が出てくるなんてことは、これっぽっちも頭になかった。

「そんな人材は会社に入れなければいいのでは？」

そう思う人もいるかもしれないが、採用段階で、その人間が不正をするかしないかを見抜くことなんてできるわけがない。そもそも転職の際に、面接先に元の社員のネガティブ情報を渡すこと自体が〝違法行為〟だ。

できることと言えば、アンオフィシャルに「君の会社にいた○○君ってどうなの？」と人づてで聞くくらいだが、自社を辞めた人間のことを良く言う人もそうそういないだろう。むしろ、マイナスに言いすぎることさえあるくらいなので、控えめに聞いておかないといけないくらいだ。

雇った人間が自分の知り得ないところで不正を起こす可能性は否めない。そしてそれを未然に防ぐことはほぼ不可能。これも「会社」という組織のリスクだ。

面倒くさい感情マネジメント

人を雇うのも面倒くさいが、人を動かすのはもっと面倒くさい。

人間というのは感情の生き物だから、感情マネジメントをしなくてはいけない。この感情マネジメントというのが、厄介だ。

たとえば、営業系の会社や飲食店などによくある「みんなで頑張ろう！」というマインドアップのようなもので、ある意味「宗教化すること」だと思ってもらえるとわかりやすい。ライブドア時代には、これが面倒だと思っていた。別に嫌いというわけではないのだが、やらないでいいのであれば、それに越したことはない。

たしかに、そういったマインド的な部分は人にとって大事なのかもしれない。しかし、人から持ち上げられてやるのではまったく意味がない。

好きなことを仕事にしていれば、わざわざそんなことはしなくても常に前向きでいられるからだ。

「部下の士気を上げるにはどうしたらいいのか？」などの質問を受けることもあるが、本人がやる気にならない限りはどうしようもないことだし、わざわざ会社がそこまで面倒をみてやるのもおかしな話だ。どうしても部下に動いて欲しければ、彼が望むものを成果として与えればいいだけのこと。それをやらずに感情マネジメントをして動かそうなどというのはおこがましいし、相手に失礼だ。

だが、いまだに一般の会社では感情マネジメントが行われている。はっきり言って、ムダでしかない。

では、どうすればいいのか？　答えは簡単で、人を雇わなければいいだけのことだ。実を言うと、これが一番の最適解だったりする。

「そんなことは仕事をしていくうえで無理だ」

そんな声も聞こえてきそうだが、事実、僕はできている。

僕の運営する、堀江貴文イノベーション大学校（ＨＩＵ）が、まさにそれだ。第４章で詳しく述べるが、ＨＩＵのメンバーは月額１万円を〝支払って〟僕の業務を手伝ってくれている。実は本書も一部のメンバーに協力してもらっている。それでもＨＩＵのメンバーに対し、ギャラを支払うことはしていない。

このような状況を作り出すために、それこそ感情マネジメントをしているかのように思われるかもしれないが、そんな面倒なことは一切していない。

雇用関係にあるわけでもないので、僕に対してすごく怒りを覚えて「もう絶対嫌だ」と思ったらすぐに辞めればいいだけの場所だ。そんな場所でも、協力を得られる体制というのは作り出せる。

マンパワーもロールモデルもいらない

一般的に、「会社が大きい方が、大きいことができるんじゃないか?」という勘違いがある。たしかに、ライブドアも本体で700名ほどの社員を抱えていた時期もあったが、先にも述べたように人を雇うことにはリスクが潜んでいる。人を雇うリスクを負ってでも人数を増やせば、多くの仕事が割り振れるので楽ではある。しかし、それは「会社」という前近代的な組織がとる手法だ。

これも第4章で詳しく述べるが、僕が最近取り組んでいるのは会社でなくても動く仕組み作りだ。

冒頭にも述べたとおり、いま現在、僕の業務マネジメントを行っているSNS media &consulting社は10名にも満たないメンバーで運営されているが、この人数を増やしたからといって、業務がスピーディーになるわけでもなければ、大きなお金やプロジェクトを動かせるわけでもない。そして、少数精鋭の会社が大企業と同じ規模、いやそれ以上の規模のプロジェクトを動かすことも難しくない。

そもそも人が増えたからといって、いいことがあるのだろうか？

僕は「マンパワー」というものを、ほとんど信用していない。たとえば、営業という仕事はマンパワーなんてあっても一切役に立たない。

２０１３年に『ゼロ―なにもない自分に小さなイチを足していく』という書籍を上梓し、マーケティングとして出版社の営業部員と全国の書店回りを行ったのだが、正直、優秀な営業部員なんて2人くらいしかいなかった記憶がある。結局、営業という仕事は数ではなくてクオリティなのだ。

そもそもベストセラーといわれる書籍の「営業」はだいたい、書店や著者が行っているものだ。事実、僕が書店に営業に行くと、ベストセラー作家である百田尚樹《ひゃくたなおき》さんや勝間和代さん、水野敬也さんなど、みんな営業に来ているという。書籍を作ること、そして売ることまで著者がやっている時代で、「いったい営業部は何をしているのか？」と聞きたくもなってくる。

こと書籍に関して言えば、いまは書店員が書籍を売る時代と言えるだろう。書店員は給料もそんなに高くないのにものすごく忙しい仕事だ。本当に本が好きな人たちにしか務まらないだろう。書店員が面白いと思った書籍を仕入れ、店頭ポップを手書きで作成し、書店イベントまで企画する。実際にそんな形で売れる書籍が現れている。

少し前の話になるが、『生協の白石さん』などもそうやって売れた書籍だ。なので、僕も『ゼロ』の営業では、まずは書店員に気に入ってもらうために、書店員向けのマーケティングを企画していたくらいだ。

だから、使えない営業なんていくらいてもしょうがない。わざわざマンパワーとして確保するのではなく、優秀な書店営業を外注すれば、雇用のリスクを抱えることもないだろう。

マンパワーとは少し異なるが、大企業にはたしかに培ってきた新人育成のノウハウもあるし、それに見合うだけのロールモデルとなるような先輩が見つかるかもしれない。だが、果たしてそんなものが必要だろうかと自らに問い直して欲しい。

仕事は教えてもらうのではなく真似して勝手に覚え、自分なりに改良を加えるのが基本だ。真似をして「なんでこの行動をとるのだろう?」と考えれば、その行動の理《ことわり》が見えてくる。それは、別に会社にいるからできるものでもない。

成長したいと思うなら、自分で考えて動けばいいし、大人なのだからなんでも教えてもらえると思っている方が間違っている。会社から給料をもらいながら、勉強をさせてもらおうなんて方が甘いし、自分が雇い主の立場に立って考えてみれば当然のことだと思えるだろう。

ロールモデルなんて会社の外でも見つかるものだし、そもそも探さなくてはいけないわけでもないのだ。

ここまで言ってきたように、会社という仕組みはいらないものだらけだ。

2015年の日本のGDP（国内総生産）はアメリカ、中国に次ぐ3位ではあったが、日本の国民一人あたりのGDPは26位となっている。今後、労働人口は確実に減少していくので、GDPは確実に下がってくる。せめて国民一人あたりのGDPは上げていこうと考えたときに、いまのような枠組みは本当に必要なのだろうか？

厚切りジェイソンさんは、10年前に自らの差別化を図るために将来性のあるスキルとして日本語の習得を選んだ。その選択肢は、日本がアジアの中で目標とされていた10年前であればアリだったのかもしれない。しかし、いま現在の日本であれば、違う国の言語を選ぶと彼は言っている。

右肩下がりになりつつある日本社会。その中において、古い体質に縛られている日本企業のあり方、そして付き合い方を考えていられる時間はあと数年もないだろう。

第2章

仕事のない時代がやってくる

仕事がなくなるのではなく、仕事から解放される

無駄で非効率な会社という存在。もちろんそれは会社だけではない。世の中には、それはもう数えきれないほどの無駄と非効率が溢れている。

しかし、安心していい。今後、ＡＩや人工知能、技術の発達によって、無駄な仕事や面倒な仕事というのは機械やロボットが代替してくれるようになる。

最近では３Ｄプリンターによる造形の複製は簡単になっているし、パソコン上で作り上げたデータを現実に復元するのも容易になった。現在は細かい部品などが中心だが、そのうち大型のものや、より精密なものが作り出せるようになるだろう。

とはいえ、それは便利になっているだけで人から仕事を完全に奪うという話ではない。多少の影響はあるだろうが、大幅に仕事が減ることはあり得ない。もちろん将来的には、職人技でさえ機械が再現できる時代がやってくるかもしれない。ただ、現状で言えば職人のなり手はむしろ少なくなってきていて、ニーズに対する人員不足すら起こっているような状況だ。

たとえば、精密機器の製造。これらの部品作りはすでに自動化されているが、それを

デザインしたり実際に組み立てているのは人間であり、その道のプロだ。一点モノなどにいたっては、いまだに工場の職人が手作りしている。ロケットのパーツなどもそうだ。これらの作業が数年後に自動化しているとは到底思えないのである。

職人が不要になることはない。むしろ、イケている職人たちは、自分たちの技術や能力をいかに機械で再現できるかを考え、研究・実践している。自分にしかできなかった技を機械に代替させれば、それだけ仕事の効率は増すからだ。

自分たちの技術が奪われてしまう、と躍起になって機械化を否定する職人は、イケていない職人である。日本の会社に巣食う、自分たちが進化しなくとも仕事がある状態を作り出すために動く人々と同じだ。

時代の流れを見ても、機械に代替されることは止められない。農業に機械が導入されたことによって農作物の収穫高は大幅にアップし、多くの人が豊かな暮らしを謳歌できるようになった。それを悪いことだと考えている人が、世の中にどれほどいるというのだろうか？

いつの時代も文明の発達に合わせて社会は変わってきた。どんな時代であっても、時代に合わせて動き、実践する人々が世の中を動かしていくのだろう。

お金は時間を効率化させるためのツール

「テクノ失業」という言葉が示しているとおり、機械に代替される仕事は消えていくだろう。だから、仕事を奪われると嘆く人もいるかもしれない。

しかし、面倒なことをロボットが代わりにやってくれることは、とてもいいことだと思えないだろうか？　食器洗浄機やロボット掃除機によって、面倒な家事から解放されたのではないか？　その分、好きなことに邁進できる時間が増えると思えばいい。

仕事がなくなるとお金を稼げなくなるので生活に不安を感じている人もいるだろうが、そうなったらもっと好きなことをして仕事をすればいいだけのことなのだ。

第1章でも述べたが、人はお金の話をするのはよくないと思いながらも、そうやって先立つものを考えてしまう。でも、本当に大事なものはお金ではない。もし、世の中に効率良く使わなければならないものがあるとしたら、それは時間だ。

とにかく、いまの時代はみんな忙しい。スマートフォンが普及して、時間があればみんなスマートフォンをいじっている。ニュースを見る、ゲームをする、動画を観る、あるいはSNSをやることもある。そんな忙しい状況で、より多くのプロジェクトをこなすには、とにかく時間効率を高めなければならない。

僕にはやりたいことがたくさんある。だから時間を無駄にしたくない。一分一秒でも大切に使いたいと考えている。お金で時間を買えるのであれば、そこには惜しまずにお金を使う。お金はそうやって時間を効率化させるためのツールだ。

たとえば、移動時間などもこれにあたるだろう。自分で車を運転して移動するくらいなら、タクシーに乗ってその間にスマートフォンで仕事をした方が圧倒的に効率はいい。他にも、スケジュール管理だって自分でやらずに効率化した方がいい。Googleが提供しているGoogle カレンダーを仕事のメンバーで共有することで、新しいスケジュールが入るたびにいちいちメンバーに連絡する手間を減らすことができる。

こうして稼ぎ出した隙間時間や、2~3分の待ち時間でニュースサイトやメールのチェックができる。Q&Aコーナーの回答や時事ネタへのコメントなど、メルマガの原稿をiPhoneで書くことができる。

「堀江はどこにいてもスマートフォンをいじっている」なんて言われることもあるし、世の中には「スマートフォン中毒」なんて言葉もあるが、大いに結構なことだ。そうやって、常に時間を生み出すための投資は惜しまないようにしている。

これほど時間の重要性をしつこく言ってきているのに、いまだに「電話」をしてくる人間がいるのは不思議なことだ。

電話がかかってきても、予定がびっしり埋まっているので出られないことの方が多い。だからと言って掛け直すと、今度は相手が出ない。それだけで、2~3分ロスすることになる。その2~3分があれば『LINEニュース』をチェックする時間が捻出できるのに、だ。暇な瞬間(といっても、僕は常に何かをしているので、暇な時間はないが)であればまだしも、作業をしているときなどにかかってきたら、たまったものではないだろう。

電話は時間泥棒だ。電話は相手の時間を大幅に奪うツールで、あなたの時間をも無駄にしている。だから僕は電話が大嫌いだ。

電話をかけてくる相手は知人であることが多いのだが、電話をしてこなくても電話帳からＬＩＮＥ登録ができるのだから、用事があればテキストで送ってくるべきだ。

もし、待ち合わせのお店の場所などがわからずに電話で確認するのであれば、その前にスマホで地図を見る能力を向上させる方が時間効率はいいはずだし、他の面でも役立つようになる。電話をしないようにするだけで、いろいろな部分が効率化してくるようになるだろう。

「最適化」で面倒な仕事を減らす

世の中の多くの人が思っていることに、「時間が足りない」というものがある。

僕の場合、多くのプロジェクトに携わっているからかもしれないが、どこにいようと相変わらず毎日朝から晩までびっしりと予定が詰め込まれていて、当たり前だが休む暇はない。

しかし、そんな状況になればなるほど新しいことをどんどん思いついてしまう、自業自得の状況があったりもする。疲れているはずなのに、パワフルになってくるというのだろうか。

そんなヘトヘトで休む暇のない状態ではあるが、当の本人からすると「そんなにたくさん仕事をしていない」と感じてしまう。どの仕事も楽しんで携わっているし、すべてが充実しているから忙しいと感じないのかもしれない。

加えて、嫌なことはすべてやらないようにしているというのもあるかもしれない。つまらない仕事そのものを受けないでも済むようにしているだけでなく、各仕事の面倒な部分を最適化・効率化させているのである。

ただ、それは仕事を他人に任せるということではない。

第1章でも述べたように、人に任せるのはそれなりにリスクが伴う。何をするかわからないという部分もあるのだが、それ以上に人間が行うことには必ずと言ってもいいほどヒューマンエラーが付きまとうことになる。だからこそ、その原因を見つけて、どのようにしたらヒューマンエラーを減らせるかを考え改善する。

そこで僕は、さまざまな「ツール」を駆使して効率化を行い、徐々にやりたくないことを減らしているのだ。

その一つが、「仕事を奪う」と言われているAI、人工知能の活用だ。

ＡＩとは、さまざまな情報を蓄えることで最適解を出す仕組みである。個人であれば行動を学習して、その人にあった最適解を見つけ出す、ということになる。

この技術が進歩すれば、僕がどんな言葉を検索し、どんな情報を閲覧していて、誰をＳＮＳでフォローしているか、ＧＰＳからどこにいることが多いのか。そういった個人の行動をスマートフォンから吸い上げ、そのデータを蓄積し、趣味嗜好まで分析することで、僕に最適化した情報だけを表示することも不可能ではないだろう。

Google の展開する無料サービスは、これを巧みに利用している。

Google のサービスは、一つの Gmail アカウントに紐づいて、Google が運営する各サービスの情報を横断して連携するものだ。

たとえば、Google Maps では、マップ上で僕が過去に行ったことのある飲食店が表示されるのだが、自分で印を置くように操作したわけでもなんでもない。これは僕が過去にマップ上ないし、Google の検索で飲食店を調べ、その飲食店を目的地として設定したり、Google カレンダー上に飲食店の予約があることをコンピューターが勝手に判断してマップ上に自動的に表示しているのである。

他のところだとGmailに航空会社から予約のメールが届けば、Googleカレンダーにフライト情報が掲載されたりもする。

このように、Gmailを中心に各種サービスで情報を共有し、表示すべきと判断された情報を出していく仕組みになっている。

こういったことがあると、新しく開拓した飲食店が、実はよく通っている飲食店のすぐ近くにあるということも発見できたりするので非常に便利だ。昨今のITサービスでは、少しずつではあるが最適化・効率化の仕組みが進んでいる。

「捨てる力」はこだわりとプライドにある

全部を自分でやらなければならないと考えるのは間違いだ。時間には限りがある。

たとえば、本もそうだ。一般的には、本はすべて著者本人が執筆していると思われている。しかし実際には、必ずしもそうではない。アスリートや芸能人の本などは、ライターが彼らに取材をした内容を書き起こしたものが少なくない。本書も、そのようなプロセスを経て構成されている。

だが世の中には、本はすべて著者本人が書かないといけないと思っている人が多い。

本当にそうだろうか？　そもそも書籍の目的は書かれている内容を世に広めることだ。それを自ら書く必要がどこにあるのだろうか？　読み手からしても、大事なのは「実際に誰が書いたか」ではなく、「誰の本なのか」、そして書籍の内容なのではないだろうか？

ルネサンスの巨匠であるミケランジェロやラファエロも自ら工房を持ち、その工房で弟子を使いながら作品を作り上げた。そして、彼らの作品として、後世に受け継がれている。それらの作品に対して「本人ではなく、工房の作品じゃないか」と言うのと同じではないのか？

聖書もそうだ。世界一のベストセラーである聖書は、イエス・キリストが書いたわけではなく、キリストの教えを周りの人間が勝手にまとめたものである。般若心経だってブッダの教えを伝えるものであって、ブッダ本人が直接書いたものではない。大事なのはキリストやブッダの言葉や教え、その行動なのに、本人が全部自分で書かなければいけないとでも言うのだろうか？

漫画もそう。もともと編集者や原作者がプロットを考えたりするなど、原作と絵の作業が分かれていたりすることが多い。それでもベストセラーになっているのは、描かれている内容が重要だからだ。

だから書籍も、コラボレーションで作ればいいだけだ。ライターや編集者と分業するのが当たり前で、変なところにこだわっても意味がない。

そういった無駄なこだわりを捨てなければ、作業にレバレッジをかけることができなくなってしまう。一日24時間という限界は誰にでも訪れるものなのだから、他人や機械の力を使うのは当然のことだ。

「本は自分で全部書け！」と言う人でも、どこか遠くの目的地に行くのに電車や車や飛行機を使っている。そのときに、歩いて行かなければその目的地に行ったことにならない、という考え方はしないだろう。あるとすれば、登山のような限られた趣味の世界だけの話だ。

目的のためにそのプロセスの中で、一番楽な、時間を使わない方法を選択する。これは僕が言っている「最適化・効率化」の話と同じである。

ファッションですら最適化できる

その他に最適化していることと言えば、荷物だろう。

僕には定住している場所がない。いわばホテル住まいなのだが、そうなると厄介なのが荷物の管理だ。最近は極限まで物を持たないミニマリストという人たちも登場しているが、実際にそんなに荷物を持たなくても生活なんてできる。仕事においては基本的にパソコンとスマートフォン、通信環境さえあれば、あとはどうにでもなる。

しかし、僕の場合はテレビや人前に出ることも多いので、ある程度の枚数の衣類はどうしても必要だし、僕の趣味であるスノーボードなどもある。

そこで利用しているのが、『Sumally Pocket』というサービスだ。月額３００円のトランクルームサービスで、荷物を専用の箱に入れて郵送して預け、必要なときに８００円で取り出しができるというもの。アプリ上から荷物を写真付きで管理できるのが特徴だ。

普段着る服も、ここ一年くらいは最適化を繰り返している。

服を選ぶのが好きな知り合いに、僕に似合いそうな服を通販サイトの『ZOZOTO

WN』などから適当に選んでもらうのである。

その知り合いはスタイリストというわけでもなく、ただ単に服を見たり選んだりするのが好きな一般人。暇さえあればZOZOTOWNや服のサイトを見ているので、頼めば似合いそうなものを何十種類と選んでくれる。そして、僕は時間があるときにその中からいいなと感じたものを何着か選んでポチポチと買っていくのである。

これで服を買いに行く時間が大幅に減ることになり、最近はそもそも買いに行く必要もなくなってきた。通販だとサイズがわからない、という意見もあるだろうが、ZOZOTOWNには独自の採寸があるので、国内ブランドであろうと海外ブランドであろうとサイズの間違いをしてしまうこともない。

だが、これも最終的にはAIが行ってくれるようになるだろう。いわゆるレコメンド機能だ。ユーザーが購入、閲覧した商品を買った他のユーザーがどんなものを購入しているのかをおすすめしてくれたり、消耗品を購入しているとしばらくしてから再度その商品をおすすめしてくれたりもする。通販大手のAmazonにはレコメンド機能が充実しているので、ご存じの方も多いだろう。

もちろんZOZOTOWNのサイトには、僕がいままでに買った服の傾向や、新しい服ばかりを見ているなどの情報が蓄積されているはずである。現在でも多少はレコメンドできてはいるが、今後はＡＩの発達によりさらに充実したレコメンド機能を実装するようになるだろうと期待している。

会議は会議室ではなくスマートフォン上で

技術は日々進歩し便利なものが登場しているので、常日頃からいまよりも便利なツールを使用してさらなる最適化をすることを大切にしている。

最近はメールも使わなくなっている。以前は、事業プロジェクトや業務ごとにメーリングリストを作成し、報告・連絡・相談はすべてメーリングリスト上で行っていた。

しかし、メールではリアルタイム性に欠ける。思いついたアイデアをすぐに送ろうとしても、メールを作成する手間がいちいちかかる。パソコンを開くのは手間なのでスマートフォンを使用するのだが、何通もやり取りがされていると、引用文などもあることから見るのが面倒になり、後回しになってしまったりもする。

そこで、スマートフォンの普及以降は、グループ作業はＬＩＮＥやFacebookのグループチャット機能を利用するようになった。そこでの参加者のやり取りはメーリングリストよりも活発になる。メールよりも過去のタイムラインを追うことも簡単だし、スマートフォンで友達に連絡をとる感じで情報交換ができるからだ。

このような最適化を行ったことで、どこにいても会議と同じことができるようになった。

多くの仕事を抱える人が集まろうとすれば、なかなか予定が合わないことがあり、先延ばしになれば事業のスピードも落ちてしまう。顔を見ながら話したいというのであれば、ウェブカメラを使えばいい。どこにいてもつながることができるのがネットの素晴らしいところなのだから、会議もSkypeやＬＩＮＥのグループトークを使えばいいだけのことなのだ。

こうやってコミュニケーションを効率化させ、誰もが関わりやすい環境を作り出せば、議論も活発になり、いろいろと良いアイデアが出てきたりするものだ。

最近ではさらなる効率化を目論《もくろ》み、チームコミュニケーションアプリ『Slack』に議論の場を寄せるようにしている。

Slack は海外で急速にユーザーを拡大させているチームコミュニケーションツールで、写真共有サービス『Flickr』を作ったことでも知られているスチュワート・バターフィールドにより、2013年に開発公開された無料サービスである。公開24時間以内に8000人が登録したことで話題となったサービスで、Facebook や Twitter などを分析してデザインされていることから非常に使いやすく、日本でもシステムの開発現場、大学のサークルなどで使われはじめている。

テクニカルな話になるが、Slack は Skype やLINE、『ChatWork』などの一般的なコミュニケーションツールとは違い、エンジニア向けの仕様になっており、HTMLなどのソースコードを書くことができるのが最大の特徴だ。そのコードはグループ内で共有できるだけでなく、コメントまででき、この機能は他のツールにはない。

欲を言えば、投稿者だけではなく他人が投稿したコードも編集できるようになるとなおいいのだが、それがなくても非常に便利である。

もちろん、普通のコミュニケーションツールとしても優秀だ。Skype やLINEなどにはない機能として、外部サービスとの連携機能もある。『Dropbox』やGoogleドライブなどとつなげて、作業をSlackで完結できたり、動画リンクを別ブラウザで立ち上げずにツール内で視聴できるなど、一手間《ひとてま》がなくなるので非常に便利だ。写真の送信も圧縮がかかかったりしないので、画質が落ちるようなこともない。

さらに通知機能なんかもあるので、情報共有がスピーディーになり、ビジネスの効率が上がるのではないかと期待している。

システムがあれば感情論はいらない

会議で大事なのは、言いたいこと、そしてその内容を共有することだ。それができるレベルにあって、きちんと共有ができていれば、システムを利用することでもっとも効率良く形にすることができるようになる。

たとえば、リアルタイムのトークすら会議には必要ない場合もある。

LINEのグループメッセージを使って、参加者がそれぞれの時間に合わせてテキストを投稿すれば良いからだ。

これをうまく利用しているのが、現在『週刊プレイボーイ』に掲載されている元2ちゃんねる管理人・ひろゆきくんとの対談連載「なんかヘンだよね…」である。同連載では、時事ネタを題材にして、僕とひろゆきくんが世の中の〝変〟と思うところを話し合うという内容なのだが、実はもう一年以上、この連載のために時間をとって顔を合わせて対談をしたことがない。

ひろゆきくんは現在、日本ではなくフランスに住んでいて、それ以外にも世界中の地域を行ったり来たりしている。僕も世界各国を飛び回ることが多いし、対談連載の構成を担当している僕のメルマガ編集者も海外によく行っている。そんな状態で集まって対談をするなんてことは難しい。加えて、連載で扱う題材が時事ネタなのだから、それはもうほぼ不可能と言っても過言ではない。

なので、この対談ではLINEのグループトークや、コミュニケーションアプリ『755』を利用しているのである。編集者がお題を投稿し、それに対して僕とひろゆきくんがテキストでトークをする。これであればヨーロッパ、東南アジア、アメリカと、日本にいない状態でも、日本の時事ネタを語り合うことができてしまう。もちろん時間にとらわれることもないので、時差も関係ない。

対談相手の中にはこういうやり方を嫌がる人はいるだろうし、出版社の人の中には取材は対面でないと、と言う人もいる。「対談は、お互いに顔を見ていなければいけない」「その場の空気感や雰囲気も大切」というものだ。

みんな空気感や雰囲気といった、感情とか情緒に流されやすい。だが、参加する人間がルールや文脈、価値観などを共有できてさえいればまったく問題なくコンテンツは完成するのだ。

そもそも僕は感情論が大嫌いだ。たとえば、「信頼できること、信じることが大事です」みたいな話になってしまうと、あとから弊害が出てくる可能性がある。感情や情緒に流されることで、正しいことを正しい、間違っていることを間違っていると言えなかったりするのは後々いい結果を生まない。

いま、僕は時間をとられる雑誌のインタビューもSkype経由に切り替えている。日本にいないことも多いのに、インタビューのためにどこかに出向くというのは、「他人の時間」を生きることでしかないからだ。

テレビの価値はブランディングとアンプリファイア

そもそも僕がやっている仕事というのは、他人に任せられない仕事、僕でなければいけない仕事が基本だ。インタビューやメディア出演などもそれにあたるだろう。これらは、自分でなければもうどうしようもない。

だが、これらの仕事は数時間単位の時間をとられることになるので、正直厳しい。LINEで対談ができればいいのだが、テレビ出演ではそれも難しい。特に自身が「商品」のようになっている芸能人の方は、それこそ出演するだけで大変な時間をとられているることだろう。だから、よく「もっとテレビに出て欲しい」などと言われたりもするのだが、正直、嫌なのだ。

たとえば毎週テレビに出ていたら自由に仕事をすることができない。

もちろん僕がタレントで、テレビに出ることが仕事であるならば理解できるが、残念ながらそうではない。『朝まで生テレビ！』のような番組に出て、普段会わない人と討論して欲しいという声もあるが、『朝まで生テレビ！』は金曜日の25～29時の生放送なので、出演すると貴重な情報収集の時間をとることができなくなる。そんな貴重な時間を潰して、喧々諤々《けんけんがくがく》の言い争いをする理由がわからない。

もちろん、視聴者の人たちはそれを観たいのかもしれないし、面白そうなテーマであれば出演するのもやぶさかではないが、喧々諤々の言い争いを見たいだけなのであれば、それこそ僕のTwitterを見ていれば十分に堪能できるはず（笑）。

実は、地上波のテレビ番組で情報を得るというのは、非常に効率が悪い。決められた時間にテレビの前にいなければならないというのは、このご時世において、ナンセンスだと言わざるを得ない。録画するにしてもやはり手間がかかる。

と、ここまで「テレビに出たくない」というようなことを書いてきたが、テレビで情報を広く拡散できるのは魅力的なところもある。出演者にとってテレビには、ブランディングとアンプリファイア（増幅器）の二つの価値がある。

中でも一番いいのはＣＭに起用されること。ＣＭはギャラがいいだけでなく、スポンサーが番組につけば、自分が稼働しなくても、勝手に繰り返しＣＭが放送される。企業がプロ野球球団を持つことで、毎日のようにスポーツニュースや新聞に社名が出るのと同じようなものだ。でもＣＭ以外の出演となると、視聴率の良い番組であったり、自分の情報を広く拡散できる状況に限定される。

だから正直、視聴率の低い番組に出る意味はあまりない。最近では深夜番組に出演したりすると、番組制作サイドから「Twitter で拡散してください」と言われるくらいだ。つまり下手なテレビ番組よりも、僕が Twitter でつぶやく方がはるかに拡散力は大きいわけだ。

ネット番組はさらに条件が悪い。テレビは広く情報を流布することが可能だが、ネット番組はそれすらない。知人に言われたら出演することもあるが、別に好き好んで出ているわけではない。

そもそもテレビに出演しなくても、自分が伝えたいことを世の中に伝える方法はいくらでもある。Twitter や Facebook からブログや YouTube、ニコニコ動画でもいい。

だからテレビ番組であっても、僕にとって付加価値がないと判断すれば即座に断るようにしているのである。

テキストの力を侮ることはできない

スマートフォンの普及、ネットの進化によって音声や動画コンテンツがもてはやされている昨今ではあるが、本当に動画が便利なのか、というのは疑問だ。

もちろん、動画に適したものもあるだろうが、モノによってはテキストの方が便利だ。実はテキストの力を侮《あなど》ることはできない。

先に「電話は無駄」ということを書いたが、そのデータ量だけを比べてみても、テキストがいかに音声よりも手軽かを理解できるだろう。「こんにちは」という同じ5文字でも、音声はテキストに比べて何百倍ものデータ量となってしまう。時間も無駄にするし、データ量も無駄にしている。

先日、ソースネクスト社が留守番電話に残されているメッセージをテキストに変換し送信してくれるサービスを発表した。その記者会見で、携帯電話で留守番電話を利用しているユーザーの調査結果が発表されたのだが、留守番電話利用者のうち40・6%が、「メッセージを聞くのが面倒」「聞き取りにくい」と答えたのだという。そして、ほぼ同数のユーザーが「後で聞く」か「聞かない」と答えたという。

明らかに「留守番電話を聞くのは面倒」という感じだが、もしこれがLINEのようにテキストで送られてきたらどう感じるだろうか？　とても便利だと思わないだろうか？　そのニーズを見越したからこそ、ソースネクスト社はこのようなサービスを開始したのだ。

テキストの素晴らしいところは、時間に縛られない点と、コンテンツを効率良く吸収できる点だ。たとえば2時間の対談を動画で視聴しようとすれば、そのまま2時間がかかってしまう。しかし、これが文字起こしされた原稿を読むのであれば2時間もかからずに同じだけのコンテンツを吸収することができる。

僕が『755』のサービスを展開しているのも、これが大きい。『755』であれば、スマートフォン上で隙間時間に対談を読んでもらえばいい。細切れの時間であってもテキストであれば、自分のペースで情報を得ることができる。

この動画全盛の時代に僕がテキストコンテンツを推し続け、テキストコンテンツを出し続けるのはこれが理由だ。

世の中ではスマートフォンが普及して以降、「動画の時代がくるぞ！」という声がある。もちろん、アーティストのライブのように、テキストでは伝わらない雰囲気をコンテンツとするものであればそれも理解できる。だがそれは「ライブエンターテインメント」という、ライブ感を共有するためのものだ。テキストの役割である「情報を伝え、共有する」ということと、次元の違う話である。

テレビドラマを録画して倍速で視聴しているようであれば、それは空気感を得るのではなくコンテンツを消費しているにすぎない。であれば、あらすじが書かれているネタバレサイトでも閲覧した方がよっぽど時間の無駄にならないし、効率もいいだろう。

こういうことを書くと「堀江ほど、みんな合理的ではない」などと言われるかもしれない。しかし、そのうちわかってもらえると思う。

日本人も、最初はどこに行くのだって徒歩で移動していた。そのうち人力車が登場して利用するようになり、自動車の登場以降は誰もが自動車に乗るようになった。携帯電話も同じだ。携帯電話が普及する前は、「俺は絶対に携帯なんか使わねーぞ」と豪語する人もいた。携帯電話の存在に、ああだ、こうだと文句を言う人もいた。

最近では、これだけスマートフォンが普及しているのに「スマートフォンは絶対に使わない！」と意固地になって言っている人がいる。

でも考えて欲しい。最初は自動車に乗るのが怖かったのかもしれないが、いまや誰でも乗るようになっている。もちろん、事故は起きるので100％安全ではないのに。携帯電話もなんだかんだで、誰もが使うようになった。

いずれ誰もが合理的な方法を選ぶようになっていくだろう。今後は動画だけでなく、利便性に合わせてさまざまなものがテキストに代替されていくのかもしれない。

「名刺交換」を面白い仕組みに作り替える

最適化で言えば、財布を持つことも無駄だ。以前、トライアスロンの大会に出場するためにハワイに行ったのだが、その間、一度も現金を使わなかった。

ハワイでは屋台であってもクレジットカードがあれば商品を購入できる。いまは誰でもスマートフォンを持っているが、そのスマートフォンに1000円程度で売られているカードリーダーをつければ、誰でもクレジットカード決済ができてしまう。カードリーダーがなくともアプリ上でカード番号を入力すれば、決済ができる。

屋台ですらカード決済ができるのだから、現金を使わなくてはいけない場所なんて本当は世の中に存在しないはずだ。

しかし、日本にはいまだに難癖をつけてカード決済を拒む店が多い。ユーザーの利便性を考えれば利用できるようにした方がいいのに、たった数％の手数料を惜しんでクレジットカード決済の導入を拒んだりする。その結果、顧客を失っていることに気づかないのだろうか？　これは日本の悪いところだ。

日本のシステム化できていないところは、「紙の名刺」を交換する文化にも残っている。

すでにメールなどでお互いやり取りし、名刺に書かれている情報をお互いが知っているにもかかわらず、わざわざ名刺交換をする。名刺というカード集めが重要になっている現状を見ると、「トレーディングカードか」とツッコミたくもなる。

ただし、それこそ名刺もトレーディングカードのような役割を持つのであれば役に立つだろう。名刺交換という文化を最適化することもそんなに難しくない。

紙の名刺を廃止して、トークン（世の中に一つしか存在しない証明のようなもの）として発行するデジタル名刺にすればいいのだ。そうすれば、世界最大級のビジネス特化型SNS『LinkedIn』の日本版のようなものが作れるのではないかと考えている。そして、トークン化するインセンティブとして、デジタルの名刺が価値を持つようにすればいい。

デジタル名刺の発行は一枚あたり0・01円くらいの手数料を払えば発行できるだろう。紙の名刺を作るよりも明らかに安上がりになる。トークンはニーズによって価値を持つ仮想通貨のようなものなので、たとえば、ある人の名刺に1000円の価値があるとしたら、その名刺をもらえば1000円の価値があるということになる。そして、個人が持っているデジタル名刺の時価総額のようなものが見えるようになる。

仮想通貨ということは、デジタル名刺は売買することもできる。なので、いったん売却してしまったら、ソーシャルのつながりも切れ、ソーシャルネットワーク上でダイレクトメッセージが送れなくなるという仕組みはどうだろうか。もし、ある人物が何かの不祥事を起こしたら、つながりのある人は「こいつと友達だと思われたら嫌だな」という気持ちが働き、みんなが一斉に売りに出すということもあるだろう。

一方で、直木賞をとってベストセラー作家になってしまえば、名刺の価値が一気に上がったりもする。もちろん市場に流通している名刺が少なければ少ないほど価値が上がるわけだ。このように名刺交換を面白い仕組みに変えてしまえばいい。

現在でもTwitterのIDを入力すると、そのフォロワー数やリツイート数などから、そのIDの時価総額がわかるエンタメサービスが存在しているが、その評価が本当に売買できるようなイメージだ。

こうすることで、要は自分のリアルな価値が見えるようになる。

そして、このような仕組みを作れば、紙の名刺やポイントカードもいらなくなるかもしれない。現物のカードという無駄をなくし、より便利な形、より人が関わってくる形を作ることができる。

市場原理であらゆる無駄をなくしていく

会社という存在は、いまだに最適化ができてないところが多いが、いま僕が関わっている会社にそんなことはあり得ない。もちろん、ライブドアにもあり得なかった。というより、ライブドアは僕が一から作った会社だからわざわざ無駄をなくすという発想もなかったのだが。

でもいまであれば、もっと無駄を減らすことができるだろう。

当時はシェアオフィスもＬＩＮＥもスマートフォンもレンタルサーバーもなかった。ゆえに、ライブドアの事業として小規模なレンタルサーバーをやっていたくらいだ。

その他にもいろいろと行っていた。

たとえば業務用のパソコン。最初は社員用に会社でパソコンを購入していたが、15年前からいまで言うＢＹＯＤ（Bring your own device）に切り替えるようにしていた。ＢＹＯＤとは、従業員が私物のパソコンなどを業務にも利用することで、そのために会社から補助を出していた。いまでこそＢＹＯＤという言葉が出てくるほどメジャーなシステムとして浸透しているが、当時はそんな言葉すらないような時代だった。

これを導入したのは会社の経費でパソコンが買えるとなると、業務に必要のないレベルの高額なハイスペックパソコンを購入する社員が出てくるからだった。

そこで、毎年一定額の補助を出して業務に必要なパソコンを買うようにしてもらっていた。たとえば、毎年10万円の補助であれば、「5年間同じパソコンを使い続ければ、まるまる50万円が浮くよ」といったインセンティブをつけるのである。そもそもパソコンなんて何台も必要ない。僕もMacBook一台しか使用していない。一台あれば十分だ。

こうやってお金を渡し、その用途を任せたところ、誰もが節約するようになったのだ。社員の気持ちになれば、それも理解できるだろう。

家賃補助も同じだ。準社宅制度を実施し、会社名義で社員の住宅を借りることで会社の節税にあて、実質的な実入りが増えるように整備した。だが、本来の狙いは節税ではなく、社員に職住近接を働きかけようとしてのことだった。

具体的には、月に7万円を上限として家賃の半分までを補助するというものだ。

あなたがこれを聞いたらどう思うだろうか？　たぶん、上限7万円を使い切るために、家賃14万円以上の家に住もうと考えるのではないだろうか？　市場原理が働いた結果、多くの人間が7万円を使い切らないといけないと考えるのである。14万円というと都心のいいところになるから、結果的に職住近接が進むことになる。

その他にも、昼時になるとみんなが一斉に昼食を買いに行ってエレベーターが混むことから、社内にコンビニを作った。コンビニが自社店舗であれば管理部の売上にもなるし、ＩＣカードによる決済などの新しい取り組みも積極的に試すこともできる。

最近はコンビニ各社が社内コンビニのような事業をはじめているが、ちょっと遅すぎるくらいだ。

ググれない人々と、ＡＩのマッチング

日本には、「ほけんの窓口」というサービスがある。これは複雑化した保険の中で「どれがベストかわからない」という人のために用意されている実店舗型の窓口で、オペレーターが対応してくれる。

これが意外と人気を博しているようで、商品の比較サイトを運営するカカクコム社も、東京・恵比寿の駅近くに保険の比較をしてくれる実店舗を用意し、顧客をつかむことを行っている。「価格.com」は、そもそもネット上で比較検討することが便利ということで伸びたサービスなのに、それが実店舗というのだから、なんとも不思議な逆輸入状態だ。

この事例は何を意味しているのだろうか？

それは、ネットを使って自分で調べればわかることを面倒だからしない人、もしくはググれない（ネットを使って調べる能力のない）人が世の中には数多く存在するということだ。

これと似たケースは実は多い。たとえば、会議などで難しい言葉や知らない言葉を聞くと、その場で調べずに質問してくる人だ。Googleで検索すればすぐにわかるだろう。そう思ってしまうのだが、聞いてくる。

仕事のできる人間、イケている人は大抵の場合、人に聞かずに検索などを用いて自分で調べる。会議をしていてもわからないことがあれば、スマートフォンやパソコンで検索している。

だがイケていない人は質問してくる。

「聞いた方が早いし、いい説明をしてくれる」などと考えているようで、たしかに人間に聞いた方が良い説明をしてくれるし、かゆいところに手が届く感じではある。しかし、それは相手の時間、会議の時間を奪うことだ。そういうことを理解しているにもかかわらず、質問をしてくる人間は本当に多い。

なんで質問をするのだろうかと考えたのだが、どうやら検索することができないのではないか、という結論に至った。たぶん、一から教えてもらわないとどうやって調べたらいいのかわからないのだろう。

そんな人が世の中に多いからか、AIを利用したメッセンジャー型のサービスが伸びつつある。簡単に言えば、LINEで質問をすると返答してくれるような対話型の検索ボットのようなもので、これからどんどん出てくるだろう。

事実、メッセンジャー向けにAIを活用した「ボット」と呼ばれるソフトを簡単に作れる仕組みをFacebookが企業に提供しはじめた。すでに約30社以上の企業との提携も発表しており、その中には通販サイトや旅行予約サイト、銀行などがあるという。

このサービスは、ユーザーがメッセンジャー上で企業を呼び出すと、まるで人が対応してくれているかのようにボットが注文を尋ねてくれたりするものだ。ユーザーは、ボットと会話をするように聞かれた情報を入力していくだけで、すべてが完結する。

これがあれば、ユーザーはFacebookのメッセンジャー上で、サイトに行かずに買い物や旅行の予約ができてしまう。それも、「会話」をするだけで。

このような対話型のＡＩボットにはFacebookだけでなく、マイクロソフトやＬＩＮＥ、中国のテンセントなど世界のＩＴ企業が参入してきている。マイクロソフトにいたっては、ＣＥＯ自らがネットビジネスの新しい基盤に「会話」があるとの見解を示している。もちろん、GoogleもＡＩには注目しているので、今後は検索ですら対話型になる可能性はあるのだ。

当たり前だが、このメッセージのやり取りをしている相手はボットなので、人間は一切関与していない。これは顧客対応を自動化できるツールであり、顧客の窓口業務的な役割を果たしてくれるようになるだろう。裏を返せば、顧客対応を行う業務というのは、今後どんどん減少していくということになる。

この流れに抗《あらが》うことは不可能だ。逆に問い合わせをした際に、人間が対応するからと待たされることもないので、利用者もありがたいと思うだろう。

ネットが登場するまでは、買い物などをする際にはほとんどの場合、その間に人間が介在していた。ネットが登場し、システム化を行うことで従事する人間の仕事量は格段に減った。それが今度はＡＩを利用したボットが発達したことで、その人間と仕事自体が減っていく。これは、そんな遠い未来の話ではない。

そして、これらはユーザーが望んだがゆえに起こった現象である。

「ＡＩは仕事を奪うな、でもＡＩを使って世の中を便利にしろ」

なんとも、矛盾だらけで笑ってしまう話である。

第3章

だから「遊び」を仕事にすればいい

お金がなくても生きていける時代

自分が面白いと思うことに挑戦する。なにも僕に限ったことではない。誰もがやった方がいいことだ。

考えてみて欲しい。ちょっと周りを見渡しただけでも、以前は存在していなかった仕事を見かけるようになったとは思わないだろうか？

特にネットを利用した仕事は顕著だ。少し前であればブロガーもそうだし、2ちゃんねるの情報をまとめただけのサイトを運営する管理者は、それだけで莫大な利益を得ている。YouTuberだって、ニコ生主だってそうだ。そうやって個人でメディアを運営し、稼ぎだすことも可能な時代だ。

僕の知り合いにも、週三回けん玉と人狼ゲームをやって、仕事にしている人もいる。そうやって、遊んでいたら仕事になっていた人がすでにいるのだ。

今後もこの傾向はいっそう進んでいくだろう。

ＡＩや技術の発達により、いままで人間がやっていた労働を機械やロボットが肩代わりしてくれる時代は必ずやってくる。人間が手をかけなくてもロボットが農作物を生産してくれる、そんな日もそう遠くはない。

ロボットが社会全体の富を自動的に作り出し、個人に利益をもたらしてくれる。そして、僕たちは働かなくても食べていけるようになる。単純作業のような仕事はなくなっていき、人間にしかできない仕事の比率が高まっていく。だから、人間は空いた時間で好きなことができるようになる。それが僕の考えだ。

もしかしたら「働かないなんて、ダメな人間だ」なんて言う人もいるかもしれない。いまはまだ会社でつらい仕事を我慢しないと生きていけないと思っている保守的な人もいるだろうし、お金がないと生きていけないという人もいるだろう。

でも、これから生活コストはどんどん安価になっていくのだ。農業は人の手間を減らしながらも収穫量が増えているし、今後は、さらに手がかからなくなるのだから食費はいま以上に安くなる。お金がなくても十分に食べていけるようになる。

遊びも同様だ。現在でもネットで映画を無料で観ることができるし、映画に限らず、お金がなくても楽しめるエンターテインメントはネット上に、これでもかというほど転がっている。

だから、夢や好きなことを追いかけて欲しい。面白いと思うことを追いかけて欲しい。どんなことだっていい。金持ちになりたい、ゲームをずっとやっていたい、モテたい、アイドルになってチヤホヤされたい。そんな一見すると、浅はかなようなことだっていい。身の丈や身のほどなんて関係ない。

成功する人は、みんな身の丈に合わないチャレンジをしている。第1章でも述べたが、大成功したと言われているような会社の社長もほとんどバカではあるが、行動力だけは誰もがズバ抜けている。

そして、そういう人たちが世の中を動かしている。

価値観の多様化が容認されていけば、当然「働かない」というのも一つの選択肢になってくる。価値観の多様化は歴史の必然だ。旧世代の価値観で物事を計ることは、不幸のはじまりでしかない。

10年後のビジネスを作る「遊びの達人」

技術の進化によって人々の余暇時間が生まれると、「遊び」が仕事になる。別に遊びでなくとも、興味があること、熱中できることであればなんでもいい。

たとえば、いま僕が興味を持って取り組んでいることに予防医療がある。当然、僕も健康でいたい。なので、胃がんの99％の原因と言われているピロリ菌の検査を皮切りに、口内の健康を維持するための歯周病検査、B型・C型肝炎の検査に、最近では大腸内検査なども行っている。

そして、ピロリ菌検査・除去の啓蒙活動の一環として設立した「予防医療普及委員会」は、クラウドファンディングを成功させ、1370万円もの資金を集めることができた。それは世の中の人がそれだけ予防医療に関心があるということを示している。

そういった多くの人の健康も素晴らしいことだし、予防医療によって個人の医療費が削減されると、結果として国の財政を圧迫する医療費を大幅に削減することにもつながる。そこにさまざまな医療技術の進化が加われば、寿命を伸ばしていくことだって不可能ではない。

こうやって活動を行うことで、誰もが生きやすい世の中になっていくことは、とても素晴らしいことだ。同じように、自分が好きなことや面白いことをやって生きていける世界も素晴らしいと思う。

「興味のあること＝ハマれるもの＝遊び＝仕事」ということなのだが、これらは前述のとおり仕事と完全に区別するのは難しい。本田宗一郎だって自動車やバイクの機械いじりが好きで熱中したからこそ、「ＨＯＮＤＡ」という会社が誕生した。

このような遊びと仕事の境界は、これからの時代ますます曖昧になっていく。すでに、YouTuberやブロガーなどのネット系以外でも、やりたいことをやって楽しく生きていくための環境も整いはじめている。

先日、バンコクへ行ったときに「ウェイクパーク」という場所へ行った。田んぼを改装してワイヤー・ウェイクボードをできるようにした施設で、とても人気なのだそうだ。実際に僕も体験してみてとても面白かったし、また来たいと思った。

ウェイクパークは、もしかしたら今後、タイの観光ビジネスの一つになるかもしれない。もし10年後にそうなったら、いま田んぼで一日中ウェイクボードに乗って遊んでいる地元の若者たちは、技術が上達してインストラクターとなっているだろう。もちろん、観光客相手にビジネスを展開することもできる。

他にも、いまでこそおもちゃ的に見られている「ドローン」。遠隔操作の可能なマルチコプターだが、今後は流通の重要なポイントとなる可能性が高い。人間が入ることのできないような、調査が難しい場所の探索などにも利用されてくるはずだ。もちろん、一部はＡＩや自動化という形で運用されることになると思われるが、人が操作しなければならないパターンも出てくるはず。

そんなことを見越してか、米国際無人機協会という団体は、「ドローンの市場規模は２０２５年までに米国内で８２０億ドル（約９兆６０００万円）に達し、それによって10万人以上の雇用を生み出す」とも提唱している。

ドローンパイロットが必要となったときに価値が高まるのは、いまドローンで遊び、高度な操作技術を身につけている人たちだ。

余暇時間が増え、遊びがビジネスへと変貌する。そんなときに仕事を得ているのは、「遊びの達人」に違いない。

仕事はエンターテインメントであるべき

たくさん遊ぶべき。それは面白いと思えることに出会うための手段であり、面白いことを突き詰めるための方法だ。

実は、そんな遊びを突き詰めて仕事にしている人はいまでも、そこかしこに存在している。

キャバ嬢やホストなどはその最たるものだろう。言うまでもなく、キャバ嬢やホストは世の中にくさるほどいる。もちろんメジャーな存在ではないが、飯を食っていくこともできるし（一部、食っていけていない人もいるが）、努力を重ねることで必要十分以上のリッチな暮らしをしている人もいる。彼らはお酒を飲んで楽しく暮らすことが仕事になっている。儲かるからやっているのではなく、むしろ自分が好きなことをやっていたら、それに当てはまる仕事があった、というのが近いだろう。

別にキャバ嬢やホストのやり方がいいとは言わないが、とにかく好きなことをやってそれを仕事につなげているという面では、見習う部分がないとは言い切れない。

いまの仕事が忙しいからというのは、言い訳にすぎない。本当に好きなことのためであれば時間を捻出しようとするはずだし、好きなことのためならば何がなんでも動くと思う。

かく言う僕も好きなことをやりすぎて、時間が足りなくなっているにもかかわらず、なんとか時間を捻出するために「最適化」しているのは第2章で述べたとおりだ。

嫌な仕事をするのではなく、楽しいことを仕事にした方がいいに決まっている。

仕事は娯楽であり、趣味であり、エンターテインメントであるべきだ。誰かが替わってくれるような仕事なんてあっという間に機械に代替される。何よりも、好きなことを仕事にしている人の方が見ていても活き活きとしている。

「自分には何もない」なんて嘆かなくていい。人間なんて最初は何もない。ゼロの状態だ。

キャバ嬢だってホストだって、お酒を飲んでバカ騒ぎをするのが好きということがきっかけの人もいるわけだ。もちろん、嫌な客に対しても接客はしなければならないだろうが、それくらいのことは楽しい仕事ならなんてことはない。

とにかく、自分の楽しいと思うことを追いかけ、その中で他人との差別化を行う。メジャーでなくニッチなことであれば、ライバルは少ないし差別化も楽だろう。そして、そこに小さな1を足し続けていく。それが、今後到来するであろう「仕事のない世界」においてニッチな市場で実績を出す秘訣だ。

そして、小さくても何かを成し遂げることが自信となり、さらに新しくて面白いことにチャレンジできるようになる。

もちろん、現実の仕事でなくてもネットビジネスでもいい。世間からはまともな仕事じゃないと言われても、楽しいのならそれでいいではないか。結果的に生活できているのなら世間から何を言われても気にすることはない。

遊びみたいな仕事で何が悪い。そんなことを言ったら、エンターテインメント関連の仕事なんて、ほとんどが遊びだ。

仕事は遊びの延長線上にある、最大の娯楽だ。そうやって考えて行動できるのであれば、それは幸せな人生だと思うのだ。

注目されているエンターテインメント業界

遊びが仕事になる時代がやってくると、注目されるのはエンターテインメント業界だ。先にあげたタイのウェイクパークもそうだが、エンターテインメントと言えば、ニューヨークは欠かせない。日本にはない自由度でさまざまなエンターテインメントが行われている。先日も視察のために行ったのだが、ニューヨークの街中を使ったフラッシュモブをバスから見学する『THE RIDE』や、古いホテルそのものを舞台として、その中を客が歩き回ったり食事したりできる新感覚の体験型舞台『Sleep No More』などを体験してきた。

遊んでばかりいるように思われるかもしれないが、これもれっきとした仕事だ。というのも、僕は2015年の末に、『人狼 ザ・ライブプレイングシアター』という人狼ゲームを舞台化したものを福岡で主催したのである。

人狼ゲームとは、ある村を設定とした複数人で行うゲームだ。村には見た目は村人の人狼が潜んでいて、人狼は夜になると、村人たちを一人ずつ食べていく。もちろん、村人は誰が人狼なのかはわからないので、昼間に会議を行って人狼と疑わしき村人を処刑する。そうやって、人狼か村人が残るまで昼と夜が繰り返されるという心理ゲームだ。

そんな心理戦が面白いこともあり、僕は以前から人狼ゲームを飲み会などでプレイしまくっていた。そんな折に、人狼ゲームの舞台があることを知り鑑賞、すっかり魅了されてしまい、その舞台を福岡でプロデュースすることになったのである。

この人狼ゲームの舞台は、イスに座ったままスマートフォンすらもチェックできない従来の舞台鑑賞とは違い、観客に参加させる面白さが掛け合わされている。いわば、インタラクティブ型のエンターテインメントだ。

そんな人狼の舞台に、僕がニューヨークでの視察（遊び）で得た知識や経験のカケラを掛け合わせていく。

こうやって遊びを徹底的に突き詰めた結果、福岡で開催された人狼ゲームの舞台は、ほぼ全公演満席。初回主催の舞台としては、及第点と言えるような結果を残せたのだと自負している。

メジャーを目指すなら、マイナーなネットから

エンターテインメントと聞いて、真っ先に思いつくのはメディアだろう。メディアは

エンターテインメント業界のビジネスモデル

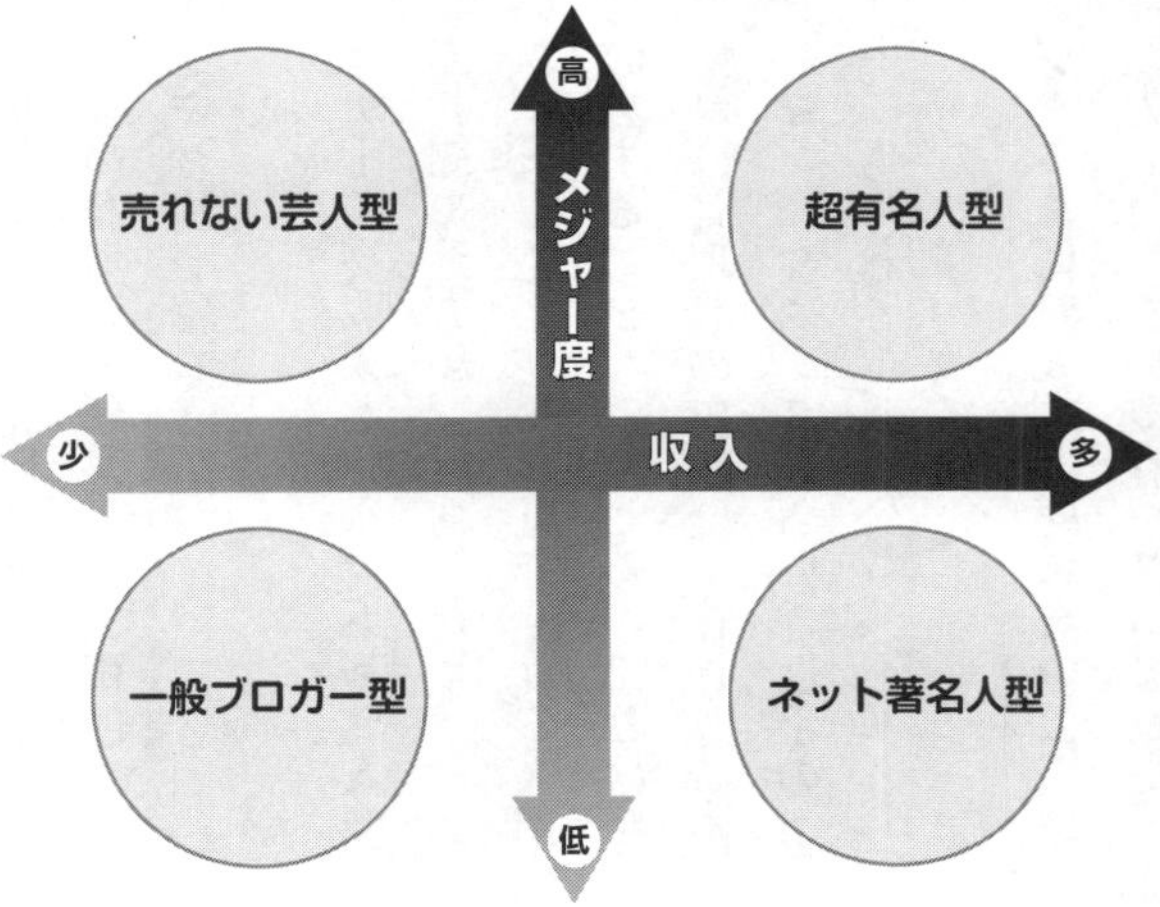

その昔はテレビやラジオ、新聞・雑誌などが中心だったが、昨今ではそれに加えてニュースや芸能などに特化したネット媒体や、動画サイトなどさまざまなものが登場している。

そんな日本のエンターテインメント業界では、ネットメディアの登場以降、ビジネスの構造が大きく変わってきている。そのジャンルはメジャー度と収入によって、大きく以下の4パターンに分類されている（上図参照）。

［メジャー&高収入］／超有名人型

大手新聞社やテレビ局などの既存のマス

コミ。情報を広く伝えることができ、その収益は桁違いに大きい。人でたとえるなら、大手芸能事務所に所属する人気俳優や人気歌手で、上戸彩やＳＭＡＰ、サザンオールスターズや福山雅治など。

［マイナー＆高収入］／ネット著名人型

業界新聞や地方紙、成功したネットメディアなど。メジャー感はそれほどないが、根強いファンを抱え、毎日見てくれる人がいる。2ちゃんねるのまとめサイトなども、これに該当する。2ちゃんねるのまとめサイトは一般的にメジャー感はないが、人気サイトであれば管理者の年収は１０００万円を優に超える。人でたとえるなら、YouTuberのヒカキンやマックスむらい、歌手のGoose house。ニコニコ動画の人気歌い手や人気踊り手、ネットアイドルなど、ネット上で名を馳せたことにより生計を立てている人々。

［メジャー＆低収入］／売れない芸人型

波及力を持たない既存マスコミなど。誰も知らないような出版社が出している雑誌などもここに入る。メジャー感はあり、そこそこ情報を広く伝えることができるものの、その収益は厳しい。人でたとえるなら、芸能事務所に所属する売れないアイドルやグラビアアイドル、売れない芸人、過去に名を馳せた歌手やタレントなど。

［マイナー&低収入］／一般ブロガー型

誰も見てくれないような個人のブログなど。普通の人がメディアを作ったりすると、まずはここになるだろう。もちろん、当てはまるのは一般人。

この4つのパターンの中で、日本人は誰もが最初にいる［マイナー&低収入］から、［メジャー&高収入］を目指すことが多い。

もちろん［メジャー&高収入］になることができれば最高だ。メジャーに到達できれば、なんとかなると考えている人が多いのもわかる。しかし、あまりにメジャーというものを目指しすぎると、［メジャー&低収入］にハマる可能性も高い。

そうなると頭に浮かぶのが「目指すべきポジションは本当に［メジャー&高収入］な

のか？」ということ。

たしかに、これまではメジャーなジャンルにいることが高収入につながりやすかった。メジャーという枠にいれば、最初は低収入であってもいずれ高収入になるチャンスもあった。そのために、みんなメジャー昇格を目指して頑張っていた。

だが、それは以前の話。いまの時代は［マイナー&高収入］という新たな選択肢がある。そして、実際に［メジャー&低収入］から［マイナー&高収入］へと移行したパターンも数多く出てきている。

少しばかり古い話で恐縮だが「ちょっと待って、ちょっと待ってお兄さん」のフレーズで人気となった芸人コンビ、8・6秒バズーカーは大手芸能事務所の吉本興業に所属する売れない芸人だったのだが、マイナーな現場であるYouTubeにネタを投稿したことから人気に火がつき大ブレイク。［メジャー&低収入］の状態から、一気に［メジャー&高収入］へと移行した。

メジャーになれるなら、それに越したことはない。だが、最初に目指すのは、メジャーではなくマイナー。そして、その中で影響力を持つこと。エンターテインメントビジネスは、ネットというマイナーな場所から大きくしていくことができる可能性を秘めている。

好きなことを武器にして、「マイナー&高収入」を目指せ

このようにマイナーな場所を攻めることで、メジャーへと進む道は存在している。しかし、なにもメジャーでなくても、「マイナー&高収入」のままで問題ないのではないか、と思う人もいるだろう。

その考えは正しい。というか、間違っていないと言った方がいいかもしれない。やはりメジャーに行けばそれなりにできることは多いだろうし、チャンスがあるのも事実だ。だから、行けるのであれば行けばいい。だが、メジャーの世界に行ける人間はほんの一握り。そして、やっとの思いでメジャーの世界に辿り着いたとしても、そこには厳しい状況が待ち受けている。最初は給料も低いことが多く、やりたくないことも大量にやらされることになる。メジャーにいながら厳しいポジション、「メジャー&低収入」という環境になってしまっては意味がない。

僕が言っている「遊びを仕事にする」コツは、この部分にある。

ネットでは、ある分野に特化した情報源などがニッチな人気を得ることが多い。なんらかのグッズでも、一般的に知られていないが、一部の熱狂的ファンのいる名品などは高値で取引されている。超有名なポジションにいなくても、マイナーなポジションで高収入を得ることは可能になっているのである。高収入とまで言わなくても、ある程度の収入を得ることは難しくないはずだ。

これに気づいているのが、「地下アイドル」やアイドルのタマゴたちだ。彼女たちは好きなことをしながら、生活する方法を考えている。生活ができなければ面白くて好きなこともできない。だから、まずはメジャーになることよりも好きなことで生計を立てることを考えている。そして、虎視眈々《こしたんたん》とメジャー昇格を目論んでいる。

それを実現しているのがネット生放送、ニコ生や『SHOWROOM』などの動画ストリーミングサービスだ。特にSHOWROOMでは、視聴者が配信者に対し課金購入したデジタルアイテムをプレゼントするシステム、俗に言う「投げ銭システム」が用いられており、面白くて人気の高い配信者はそれだけ多くのポイントを得て生活することが可能となっている。

これらの生放送システムには、アイドルのタマゴなどだけでなく、一般人も参加しており、中には十分すぎるほどの収入を得ている人もいる。

たとえば、その昔、おニャン子クラブに入ることを夢見ていた40代の女性「ちづる」は、『ちづるの物忘れ部屋』と題した生放送を配信。しゃべったり歌ったりしているうちに、そのシュールでなんとも言えない不思議な魅力から、ニッチではあるが人気に火がついている。彼女は、自分の夢を語り、自分の楽しいと思える青春の焼き直しをすることで生計を立てている。

ブロガーのイケダハヤトさんや藤沢数希《ふじさわかずき》さんもテレビなどのメジャーな場には出てこないものの、まったく知られていないような状況から自身の考えをブログなどで公開することで徐々に人気を得ていき、それこそ生活するには十分すぎるほどの収入を得られるようになっている。

実は、このように最初からメジャーではなく「マイナー&高収入」を目指す方が生活は安定しているし、苦難も少ないと言える。むしろ好きなことを武器に、収入を得ることができるようになるのだ。

よく僕に「堀江さんのように起業するのが目標です。そして、会社を上場させたいです！」などと言う人がいるが、起業や上場を目的としているのは、ここでいうところの最初からメジャーを目指しているのと変わらない。

大事なことはなんなのかを忘れないで欲しい。起業というのは好きなことを仕事にするためのツールであり、その仕事を大きくするためのツールが上場だ。やりたくもないことで起業して、上場させるのがいいなんて僕はこれっぽっちも思っていない。

グローバルマーケットを狙えばマイナーでも勝てる

これまではメジャーでなければ生活できなかったかもしれないが、いまの時代はそんなことはない。

先ほどの「ちづる」のように、ニッチで狭い範囲の客を相手にしていればアンチも少なく、自由度も高くなるだろう。極端な話、自分が好きなだけ楽しんで面白いことをやって、結果的にお金になればいいぐらいの気持ちで、チャレンジすることができる。その方がマスの目を気にしたり、面倒なしがらみにとらわれないので、成功したりもする。

メジャーな世界ではマスを相手にしているので、当然のことながらアンチも多く、自由度も低くなる。深夜番組が自由度高くチャレンジングなことをして視聴率を稼いでいたのに、その番組がゴールデンタイムに移行した瞬間、マスの目や制限がかかって自由度が削《そ》がれ、面白くなくなるのと同じだ。

それでも「好きなことを仕事にしても、マイナーでは生活なんてできない」と思っている人もいるだろう。たしかに、前述のイケダハヤトさん、藤沢数希さんも、いまではそれなりにメジャーな存在である。

ただ、ビジネス視点で見たとき、メジャーな世界よりもマイナーな世界で成功している人の方が実は多いのだ。上場企業の社長にならずとも、中小企業の社長で年収1億円程度稼いでいる人が世の中にはゴロゴロいるのと同じである。だから、マイナーな世界にいる人でも無理してメジャーの世界に行こうとしない状況がある。

これがネットの世界ともなると、その傾向はかなり強い。ネットというのは、世界中につながっている。普通に商売をしていれば、一部の地域でしか販売できないものを世界中に販売することだってできる。

たとえば、Yeo Inhyeok（ヨウ・インヒョク）という元京大生のYouTuber。学生時代にアカペラサークルに所属していた彼は、グラミー賞を受賞した楽曲の各パートを一人アカペラで録画・録音し、それを重ねた多重アカペラ作品をYouTubeに公開。一人ゴスペラーズとも言える、その楽曲の素晴らしさは、日本どころか世界中の人々の心を鷲掴《わしづか》みにし、作品の動画総再生回数は300万回以上。世界各国のテレビ・ラジオ番組で引っ張りだこの存在となった。

日本のサブカルコンテンツのアニメや漫画、ゲーム、音楽、ファッションなどの情報発信や商品のネット販売を行う『Tokyo Otaku Mode』も同様だ。日本のみならず、世界に向けて情報発信を行うことで大注目を浴び、Facebookページで1800万以上の「いいね！」を獲得（2016年6月時点）、2014年にはクールジャパン機構から15億円の出資を受けることも決定されているが、そんな状況にもかかわらず、いまだ上場というメジャーの場に足を踏み入れていない。

彼らが日本という限定された狭い世界に向けて展開していれば、これほどまでの大爆発は難しかったかもしれない。仮に興味を持ってくれる人が人口の0・0001%だった場合、1万人に一人しか興味を持たない、かなりマイナーでニッチなものだからだ。

しかし、たとえマイナーであっても、ネットは世界中につながっている。世界中の70億人を相手にすることができ、興味を持ってくれる人が0・0001%いれば、70万人の潜在的な顧客がいるのだということを忘れないで欲しい。

こう書くと、「世界市場を目指している時点でメジャーなことだ」とアホなツッコミをしてくる人もいるだろうが、メジャーとは興味を持ってくれる人が人口の0・0001%どころではないコンテンツのことだ。世界市場とはマーケット規模の話であり、その点をごちゃ混ぜにして考えてもらいたくない。

インターネットの出現により、世の中は極端に狭くなった。

そんな時代に「たとえニッチ市場であっても、世界規模で見れば大きな市場規模となる」というグローバルニッチの考え方があることは、大前提として頭に入れておくべきだろう。

マイナーという安定したインフラを活用せよ

メジャーに行ってもそんなにいいことばかりではない。枠にとらわれていろいろと問題が起きることもあるし、下手をすれば失脚してしまうことだってある。

しかし、そういった場合でも復活できるのがいまの時代のいいところ。それは繰り返し述べているように、メジャーでなくてもマイナーで生きていけるからだ。

小林幸子さんもその一人だろう。紅白歌合戦にも出場する国民的演歌歌手だった彼女は、事務所トラブルによりメジャーの場から仕事を失ったが、マイナーなネットの世界に活動拠点を移し、ネット視聴者に合わせたコンテンツを提供した。するとこれが大成功し、人気が回復。再度、紅白歌合戦に出場することにもなった。いままででは考えられないような大復活劇である。

これはマイナーという分野を蔑《ないがし》ろにしなかったことが大きい。そういう意味では、AKBグループの秋元康さんのやり方は非常に巧みだ。AKBグループは、メジャーでも活躍しているが、握手会や地元劇場での毎日の公演などメジャーの世界では見えてこないようなマイナーな部分への営業も欠かさない。そして、こういったマイナーなところでの人気を根強いものにした結果、ＡＫＢグループはメジャーへと到達した。

マイナーという場所は、失敗しても損の少ない安定したインフラなのだ。

そんなこともあるので、今後はメジャーに行く人よりも、マイナー分野に人が集まる可能性は高いだろう。現在ある有象無象《うぞうむぞう》の「地下アイドル」がそれなりに生活をしながら活動していけるのと同じことが起きる。

こういったことが起こるのは、マイナーでニッチな分野であってもやり方次第では稼ぐこと、生活していくことができるからである。そこからメジャーでしか得られないモノが欲しい人だけがメジャーに行き、それ以外はそのままマイナーに残るパターンが出てくる。

マイナーの部分では、僕たちの知らないエリアの層が誕生する可能性もある。

だからメジャーを目指している人は、まずは勇気と柔軟性を持ってマイナーに降りていき、行動力とアイデアで、それをカタチにする力が求められるだろう。

「面倒くさい」も理解できる

ここまで書いても行動を起こせない人が世の中には多い。だが、どんなことでも、動き出さなければはじまらない。やはり大事なのは行動力。動くことだ。

いくら競馬の予想を的中させていても、馬券を買っていなければ意味がない。そんな人に限って「予想は当たっていたんだ」などと言う。そこまで言うなら、馬券を買えばよかったのにと思ってしまう。結局、行動力がある人が成果を出していく、動かなければ何もはじまらないのは、至極当然のことである。

しかし、多くの人は行動することができないと言う。それは単純に行動したくないというよりは、行動するよりも、行動しない方がベターだと判断しているからなのかもしれない。

もちろん、そういう気持ちはわからなくもない。僕だって、最初は同じように感じることはある。「この事業は面白そうだけど、とりかかるのは面倒くさそうだな……」と思うことだって山ほどある。でも、そう思いつつも最終的にはとりあえずやっていることがほとんどだ。

タイの「ソンクラーン」という水かけ祭りも、いまでは毎年参加しているが、最初に行ったのは3年前だ。正直、遠くタイまで行って、水かけ祭りをするなんて面倒くさいと思っていた。だから、何年も前からずっと参加しようと誘われていたのに放置していた。ところが試しに一回行ってみたところ、とても面白かった。結果、毎年のように行くようになった。

最近だとサバイバルゲームがそれだ。最初は時間もないのに、必要な装備も揃えなければいけないうえに、一緒にプレイする人も知らない人ばかりなので面倒くさいと思っていたのだが、これも動き出さないと何もはじまらないと考えて動いた。結果はやはり面白かった。

いまでこそ、やり込んでいるゴルフも最初は億劫《おっくう》の一言だった。ゴルフの場合は最初にある程度の練習が必要だから、余計にそう思っていたくらいだ。

動き出すというのは、最初は本当に大変だ。面倒くさいことも多い。だから動き出せない人の気持ちも理解できる。

でも、そこは動き出すしかない。強い意志や気合い、勇気で一歩を踏み出すしかない。

失敗は当たり前、失敗したらすぐ忘れる

行動できない理由として、いまの自分の仕事や、取り組んでいることに対して、「本当にこれは自分に向いていることなのか？」と勝手に悩んでしまうこともあるだろう。

本書のライターは、ニートのような状況から「もう失うものなんてない」と思って編集の仕事に入り込み、書籍を構成できるような仕事に就けたのだという。

失うものがなければたしかに人は強いのかもしれないが、このライターのいまがあるのは行動したからこその結果だ。ただ、「失うものがない」という基準を考えているのがよくない。

僕からしてみれば、そんなことは考えるだけ時間の無駄だ。

自分がやっていることが得意か不得意か。それを判断する基準なんて存在しない。世の中には思いがけないほどに、口を開けば「基準」という言葉を言う人がいる。

そして、得意であるか不得意であるかの基準や、失敗しないための基準などを気にしたりする。それは「頑張っても、後で無駄になるのが嫌だ」というわがままにすぎない。

だいたい、努力が報われないことなんて世の中では普通にあることだ。

極端な例で言えば、寿司屋で独立したくて必死に寿司アカデミーに通い、1000万円を銀行から借りて、寿司屋をオープンしたとしよう。でも、オープンして3ヵ月で地震に遭い、店が倒壊してしまったらそれまでだ。

どんなことであっても何かに取り組んだ結果として、失敗がゼロということは原理的にはあり得ないのだから、気にするだけ無駄だし、意味がない。だから、ゼロリスクを追いかける必要なんてない。

どんな状況下にあろうと、失敗なんて気にしないと思うことからはじめればいい。

本当の話かどうかはわからないが、あのタモリさんも『笑っていいとも！』の放送終了後に、「ただ何が良くなかったとか考えてもしょうがない」からと、反省会をしなかったなんて話を耳にしたことがある。次のことを考えよう、次のことを考えようと思うのだろう。気持ちはわかる。

僕だって、いままでにたくさんの失敗をしてきた。

でも、僕には失敗したという記憶がない。実際には、ただ忘れているだけだ。そう、失敗したとしても忘れて、そのときの状況から次に進めばいいだけのこと。

足が速くなりたかったら、ひたすら走ればそれなりに速くなる。そこで「なんで僕は足が遅いんだろう?」と考えても、走りこむ以上に足が速くなる方法なんてない。とりあえず走っていれば、筋力がついて速くなるのは確実だ。

失敗を恐れずに動き出そう。打席数が多ければ多いほどホームランの確率は上がる。打率が1割なかったとしても、100回打席に立てば一回くらいはホームランが出る。失敗をしないために打席数を少なくして打率を上げるのではなくて、打率は低いけれどより多く打席に立った方がいい。だから、まずは打席に立たないといけない。

下手に頭を使って考えて動けなくなるよりも、とりあえずはじめて続けた方が結果はついてくる。続けていることで能力が下がることなんて、世の中にはほとんど存在しないのだから。

毎日続けること、真似をすること

僕が旗を振っているからか、「有料メルマガ」や「オンラインサロン」という仕組みがワークすることがわかって、みんなはじめている。それでも、いまだに「こんなことで稼げるやつは一握りだ」という否定的な意見をいただいたりもする。

これも僕に言わせれば「お前がやっていないだけだ」となる。

有料メルマガやサロンで成功している人物には、はあちゅうさんやイケダハヤトさんがいるが、こう言ってはなんだが、2人とも普通の人だ。バカではないと思うが、ものすごく頭のいい人間というわけでもない。

ではなんで成功したのかというと、彼らは愚直に一生懸命、毎日のように続けたのである。そして、いまのような一つの形になっている。

「毎日続けるのは無理だからやめよう」ではなく、「続けられる形はどういうものなんだろう」と考えるところにいくのが重要だ。好きなことを続けるためにも、それがさらに楽しめる場をどう作っていくのかは大切である。

第1章で「真似すること」の大切さも書いたが、イケダハヤトさんを真似するというのも一つの方法だ。彼は、いま高知で暮らしながら、その様子や田舎暮らしの素晴らしさを有料記事で伝えることで、年商2000万円以上を稼いでいるらしい。

本音を言えば、それと同じことなんて誰でもできるのではないかと思ってしまう。もちろん、イケダハヤトさんは先に別の仕事をしながら、ネット上で発言を繰り返し、ネット上の一部でニッチな人気を得てからいまの状態にまでできたので、アドバンテージはあっただろう。

でも、ものすごく雑に言えば、会社を辞めてまだ誰も行っていないところに行けば、真似はできると思うのだ。たとえば、北海道の稚内《わっかない》に奥さんと一緒に住んで生活感を出しつつ、有料記事の中で「稚内はいいよ」とか、「こうやったらいいんじゃないか」ということを発信していく。そして、むしろ「イケダハヤト2号です」と名乗って、本人にケンカを売るくらいの方がウケるかもしれない。そこはネットで炎上するくらいまで、徹底的に真似すれば話題にもなる。

そのうえで、彼のやり方をベンチマークして、彼がやっていないことを実生活から発見し、彼以上にブラッシュアップさせた情報を発信していけばもっと面白いことができると思うし、年商2000万円くらい稼ぐことは難しくないだろう。同じように、はあちゅうさんを真似して自分なりに改良していけば、彼女を超えることも難しくないはずだ。

僕だって真似とブラッシュアップを繰り返しているのだ。

堀江貴文イノベーション大学校（ＨＩＵ）の前身である「堀江貴文サロン」も、勝間和代さんが運営するサロン「勝間塾」や、岡田斗司夫《おかだとしお》さんの「FREEex」、はあちゅうさんのサロンなどを参考にし、それらにブラッシュアップを重ねて発足させたものである。勝間塾のいい部分を真似て合宿所を作ることにもしたが、勝間さんの合宿所は千葉県の茂原《もばら》だから僕は都心部の方がいいなと考えるなど、＋αの要素を取り入れている。

知人である『ｉモード』の生みの親である夏野剛《なつのたけし》さんや、元・マイクロソフト日本の代表成毛眞《なるけまこと》さん、日本を代表するマンガの編集を手がけている敏腕編集者でコルク代表の佐渡島庸平《さどしまようへい》くんなど、話をしていても抜群に面白い人たちは本当に頭がいいし、行動力もあるから何をやってもうまくいく。

でも、そうでない人であったとしても、上手に真似をしつつ、そこに新たなアイデアを入れ込めば、うまくいくのはそう難しくないのだ。

修業する時間があれば情報収集を

たしかに、夏野さんや成毛さん、佐渡島くんを真似するのはハードルが高いかもしれない。それでもイケダハヤトさんやはあちゅうさんのような普通の人をパクるのはそんなに難しくない。そこで得をしている人もたくさんいる。

たとえば、以前、僕の一言から巻き起こった寿司屋論争。「飯炊き3年握り8年は時代遅れで、いまどき、イケてる寿司屋はそんな悠長な修業はしない。寿司アカデミーで学んだら、その後はセンスが大事」と発言し、大炎上してしまった。

しかし「飲食人大学」という調理学校の3ヵ月の集中特訓を受けた生徒と卒業生たちが料理を提供している寿司屋「鮨　千陽《ちはる》」が、開店11ヵ月でミシュランの星を獲得した。僕の言っていたことが証明されてしまったわけだが、そんなこともあってか、僕の発言に影響されて寿司屋をはじめる人も現れた。

先日、テレビ番組の企画で寿司アカデミーが切り盛りする寿司屋に行く機会があった。一年くらい寿司アカデミーで学んだ人物が寿司を握っているのだが、普通に美味しいし接客もできている。

番組の内容がコンサルを行うようなものだったので、いろいろといままで行った名店を思い返しつつアドバイスはしたものの、特に悪いところもなかったのである。特級とまではいかないまでも、普通に中の上くらいにランクされるような店の握りを提供できていた。

これらの事例でもわかるように、寿司屋にとって大切なのはつらく苦しい時間をかけた修業ではない。先ほどのミシュラン掲載店も、回転寿司屋でのトレーニング、握って握って握りまくるという圧倒的な場数の結果が現れただけだ。もっとも大事なのは、寿司屋を開店させ、情報を収集するための行動に出ることである。

一般的な寿司屋というのは、実は大したことをやっていない。寿司屋というのは、ノウハウが拡散していくのが遅い業界だ。というのも職人気質が影響してか毎日のように店に出なければならず、他店の研究を怠りがちだからだ。こうしたこともあってか料理業界、特に寿司屋のイノベーションは進むのが遅い。

いまは『食べログ』やSNSがあるのだから、徹底的に人気店をリサーチすればいい。そして研究熱心で、料理に驚くべき工夫を凝らしている店を真似すればいいだけのことだ。

寿司で言えば、マグロの漬《づ》けのうえに、しょうゆ漬けにした山わさび・西洋わさびの切れ端を乗せると、ピリッとわさびの味が効き、味が一つ複雑になっていままでに食べたことのない、美味しさを味わうことができる。これはいくらでも真似できると思うのだが、僕が知る限り、この寿司を出している店は2軒くらいしかない。それ以外にも、細かい工夫なんて山ほどある。

たとえば、ネギトロのネギに、エシャロットや白ネギを使用するとすごく合うのに、いまだに青ネギを使っていたりする店がある。昔は流通システムが発達していなかったので、保存状態の良くないマグロから出る臭みをなくすために青ネギを使用していたのである。また、ネギトロのマグロを叩くのも、脂身の部分は繊維質が多いので筋張っているところを切るために叩いたのがはじまりだ。だから、新鮮で筋のあまりないマグロのトロであれば、青ネギを使う必要もないし、極論してしまえば本当は叩く必要もないわけだ。

こんなことも美味しい寿司屋を回って、「このネギトロ美味いね、なんで?」と聞けば簡単に教えてくれる。これを真似すればいい。

もちろん、寿司屋はほぼ週6日営業で、河岸《かし》が閉まっている日曜日などにしか休業できないので、他店になかなか食べに行けないのもわかる。毎日寿司を握っているのに寿司屋に行くのも気が乗らないというのもわかるが、研究熱心な人はやっぱり多くの店に行っている。そして、店を繁盛させている。逆に、そうしないとキャッチアップすることは難しかったりもする。

このようなことをしなくとも（もちろんした方がいいが）、いまはインバウンドで日本人以外のお客さんも増えているのだから、英語や中国語などに対応した、外国人に特化した店づくりをするのも一つの手だ。

そういった店はまだまだ少ないし、店側が外国人客を嫌がっていることも多い。そういう簡単な工夫を僕はメルマガのビジネスコーナーに書いていたりもするのだが、それを読んでも実践する人はあまりいないのだ。

修業というのは古いことや伝統的なことを教わる場でしかない。古い考えも一部では大事だが、それに縛られて動かないのではなく、最先端で切磋琢磨をするために、自分で動いて情報収集をしていくしかない。

テレビに負けない価値を自分で作り出せ

好きなことしかしないと決めている僕は、第2章でも述べたように基本的にテレビ出演が嫌いだ。

でも、テレビ番組に出演していて楽しい時間もある。たとえばクイズ番組で、自分が回答者としてクイズに答えているとき。その時間がずっと続くのであれば出演してもいいと思えるのだが、正直、待ち時間などはつまらない。

僕は楽しい時間をもっと増やしたいと考えている。

ライブドア事件が起きる前。僕がテレビ番組に何度も出演していた理由は、宣伝効果を見越していた部分もあるが、それ以上に普段会えないような人たちと会えるからだった。

しかし、いまはわざわざテレビ番組に出演しなくても自分で会えてしまうのだから、テレビの魅力は半減してしまった。

というのも、僕が出演・プロデュースするYouTubeの『ホリエモンチャンネル』があるからだ。このネット放送も最初こそ視聴数は少なかったのだが毎日更新を続けているうちに、徐々に視聴者数が増えてきた。

これも、人気YouTuberの「ヒカキン」から「最初は少ないですけど、2年くらいで登録者数が5万人を超えたくらいから一気に増えます」と言われていたので、そこまでは言われたとおりに愚直に毎日続け、3年足らずで、現在7万5000の登録者数にまで達した。

もちろんその視聴者数は、テレビに比べれば格段に少なくはある。しかし、なんとなしにつけているテレビ番組とは違い、ネット番組を視聴しているのは能動的に視聴するコアなファンなので、彼らが自ら情報を拡散してくれるのだ。GLAYのボーカル、TERUさんはそれを見て、僕の番組に出演したいとまで言ってくださった。

こうやって楽しいことをしながら地道に続けていくことで、価値を自分で作り出すこともできるし、ネット上で活動をしていると、逆にテレビが取り上げてくれて拡声器となってくれたりもする。

たとえばTwitterなどでもコメントが炎上していると、テレビが勝手にネタとして取り上げてくれる。マイナーでニッチなものが、メジャーに取り上げられる瞬間だ。

しかも、あのフジテレビでさえニュース番組で僕の炎上を取り上げていたのだから、それこそ驚きだ。僕はもうなんとも思っていないのだが、ライブドア事件があったことでフジテレビは絶対に僕に出演のオファーをしてこないという状況が続いていたにもかかわらず。

僕の目的は僕がやっていることや考えを広く伝えること。それができるのなら、わざわざ面倒なテレビ出演なんてしなくてもいいのである。

とことんハマっていくと新しい展開が拓ける

「好きなことをやった方がいい」というのは、好きなことだったら毎日の積み重ねを努力と思わないでこなせるからだ。好きでもないことを「毎日やれ」と言われたら、やはりつらい。好きなことであればこそ、どんなに忙しくても新しいことを次々にやっていくことができる。

そんなことを書くと「新しいことをやるのが怖いのではなく、いまある自分の仕事にこだわりたい」とかいう戯《ざ》れ言《ごと》を言う人もいるだろう。職人肌と言うのか、サラリーマンでも自分の仕事が本業であるという捉え方をする人もいる。

でも、そういう状況を見ると正直、飽きないのかと思ってしまう。

僕はかなり飽きっぽい性格だ。いろいろなことに手を出すが、一気に熱が入ってハマり、ある程度カタチができて先が見えると割と早い段階で飽きてしまう傾向がある。

しかし、飽きるのは決して悪いことではない。飽きてしまうということは、その物事にハマった結果だ。形になる前に止めてしまうのはよくないが、形になっているのであれば、それは次の仕事につながっている。

僕はとにかく好きなことならハマることができる。ハマることが多すぎて、目が回るほど忙しくなり、時間が足りなくなってしまっている。「どうしてそんなに動けるんですか？」と聞かれても、楽しいことをやっていたらハマってしまって自然にこうなっただけで、自分でもよくわからない。

でも、何かに〝ハマれない〟人が多い。みんな好きなことにハマるのが下手くそだ。

好きなことなのに、周りが見えないくらい集中することができない。趣味で競馬にハマっているという人でも、せいぜい月に1~2回場外馬券場に行く程度。そんなの毎日のように競馬場に足を運んで、馬主にもなった僕に言わせれば、中途半端なハマり方だ。思った以上にうまくいかなかったとか、ちょっとした失敗体験が原因となり、途中で止めてしまう人もいるだろう。「心が折れる」なんて表現をする人もいる。

でも、本当に好きなことだったら心が折れることなく、ハマり続けられる。最初からうまくいく人なんて存在しない。

誰でも一度は何かにハマったことがあるはずなのだ。

子どものころ一度はサルのようにゲームにハマった記憶はないだろうか？　寝る間を惜しんでゲームをやりたいと思ったりしたことはないだろうか？　ゲームでなくてもいい、マンガでも映画でも海外ドラマでもなんだっていい、ドハマりしてしまった経験はないだろうか？　必ずあるはずだ。そう、誰もがハマる素質は持っているのである。

では、ハマったものを止めた理由はなんだろうか？　理由はいろいろあるだろうが、たとえそれが不向きであったとしてもハマっていれば楽しいのだから続けていたはずだ。ということは、最終的には「飽きた」ということになるだろう。

人間は誰でもハマれるし、ハマったら飽きる。他に面白いものが出てきても飽きる。これは普通のことなのだ。

でもみんな、他のことに引っ張られてハマることができない。いわゆる「普通の生活」をしようとしてしまう、お利口さんでいなきゃいけない、手を抜いたりしてはいけないと考えてしまう。その結果、動かない理由を「忙しい」という言葉で片付け「仕事があるから」と自分で自分を縛りつけてしまっている。

「優先順位の付け方だ」と言う人もいるだろうが、最優先していること以外は基本的にやらなくていい。自分に何ができて何ができないかなんて、自分が一番わかっているはず。だから不得意なところは人に任せてもいい。

あらゆるしがらみや人間関係を振り切ってでも、ハマってしまうぐらいでないと、本当の面白さは見えてこない。さらに言うなら、それぐらいハマれるものに、出会えていないとも言えるだろう。

何かにハマってもそれ一つで何を得られるのだろうか、と考えてしまうかもしれない。でも、ハマったことが後でつながったりもするのだ。それこそ、スティーブ・ジョブズのスタンフォード大学でのスピーチを見て欲しい。

彼は大学を中退してふらふらしているときに、興味のあったデザインの授業に潜り込んだ。そこで学んだことが後にＭａｃの美しいフォントやデザインを作り出す基礎になった。彼にしてもデザインの授業を受けているときに、それが後から何かの役に立つなんて考えていなかった。

これと同じで、興味の赴くままに好きなことにハマると、それが後で思いがけないものにつながるものなのだ。ハマっているときは、その知識がいずれ何かの役に立つなんて考えてもいないし、そもそも将来を見据えて事前に何かにハマるなんてことはない。だから、好きなことや興味のあることにハマりまくって、後からその「点」をつなぎ合わせて「線」にしていけばいい。

そうやって遊びを楽しんで、ハマっているうちに、気がついたころにビジネスにつなげられているはずだ。僕にとって、真剣に遊んでいるのと、真剣に仕事をしているのはイコールだ。遊び尽くした先に、もっと楽しい遊びがあることも経験している。だからいったんハマったものは全力で楽しむ。「好きなことを仕事（お金）にできないか？」という考え方もできるようになる。

プロスポーツ選手だってそうだ。子ども時代に遊びの延長で触れたスポーツにハマって、好きだからという理由で苦しい練習もこなしていくうちに、プロになった人が多いだろう。そして、これからもプロスポーツというエンターテインメントはなくならないと思わないか？

もしハマりすぎて生活に困ったとしたら、「遊び」で知り合った友達や知り合いに、ご飯を食べさせてもらえばいい。もし、それもできないような関係しか築けていなかったとしたら、まだ遊びの熱量が足りないと思った方がいいだろう。

「仕事は仕事。遊びは遊び」と分けなくても生きていける。逆に線引きすることで、新しい出会いとビジネスチャンスを逃しているくらいに思った方がいい。

これからの時代、仕事を得ていくのは「遊びの達人」たちなのだ。

第4章

会社ではない新しい組織のカタチ

ホリエモンという〝独裁者〟

ここまでに何度も登場しているＨＩＵ、堀江貴文イノベーション大学校はいわゆるオンラインサロンで、メンバーは基本Facebook上で交流しつつ、月に2回ほどリアルなイベントを行っている。

このＨＩＵ、オンラインサロンをやってみて気づいたことがある。それは、この仕組みを通じて、形にとらわれずにイノベーションを起こす方法や、新しい働き方、新しい教育の現場の構築などができるのではないかということだ。

ＨＩＵは、僕の考えである「働くことは楽しいこと」からスタートしたものだ。僕は一度きりの人生を大満足しながら生きていきたいと思っているので、楽しいと思えることを仕事にしている。それをみんなにも体感して欲しいし、実現して欲しい。それが今後、世の中に必要とされることにつながるし、便利で生きやすい世の中を作ることにもつながると考えている。

だから、基本的にＨＩＵメンバーは開催されているイベントに積極的に参加して欲しいと思うし、むしろＨＩＵの運営サイドがメンバーに引っ張られ、能動的に参加するくらいの感じになって欲しいと思っている。誰かにやらされるのではなく、自ら動き、全力で実践的に人生を楽しもうという考えがある。

世の中には、本当に自ら動かない人間が多い。彼らは世の中の変な常識に縛られすぎているのだ。人と違ったことをすると、何か問題が起こるのではないか、自分にとって不利なことが起こるのではないかと考え、不安になってしまっている。

たとえば本を読んだら、そこに書いてあることを実践すればいいのに、誰も行動しようとしない。コピーライターの佐々木圭一さんは、自身の17年間のキャリアで経験したすべてを注ぎ込んで『伝え方が9割』を上梓、58万部以上のベストセラーになった。

実は佐々木さんは、この本を発売する前は「ここに書いてあることをすべて真似されたら、自分にはもう付加価値がなくなるんじゃないか、必要とされなくなるんじゃないか」と、戦々恐々としていたという。

でも蓋を開けてみれば、本は飛ぶように売れているのに、実際はほとんど真似をされなかった。世の中には、本を買っても〝積《つ》ん読《どく》〟（本を買ったものの読まずに積んだままにしていること）状態の人が多いということもあるし、読むだけ読んで誰も実践しなかったのだろう。結果、佐々木さんは必要とされなくなるどころか、むしろ引っ張りだこの人気者になった。

せっかく丁寧にやり方が出ているのに、世の中の人はほとんどが行動をしない。そんな自ら動けないマインドの日本人が、どうやったら動けるようになるのかと言えば、それは強制的に動かすしかない。

だから、ＨＩＵでは「民主主義」を放棄している。語弊を恐れず言えば、僕が〝独裁者〟のように振る舞い「この企画、なんでやらないの？」と言ったりすることで、みんなが動かざるを得ない雰囲気を作っている。メンバーは「堀江さんにやれと言われたのだから、ここでやらないと何を言われるかわからない」と考える。もしくは、やらないとＨＩＵにいづらくなると思って、行動するようになる。

走り続けていれば少しずつ足が速くなるように、何かをやることによってなんらかの成果が現れるものだ。面白そうだと思っていても面倒で動けないことでも、無理して動いてみることで成果が出たりすると、「うまくいってしまった」という成功体験になり、次々と新しいことをはじめるようになっていく。動いた方が得だな、という学習効果が現れてくるようになる。

たとえば、HIU内にはさまざまなグループがあるが、バンドグループがそのいい例だ。

あるとき、バンド演奏ができる会場でHIUのイベントを行うことが決まったので、せっかくだからと僕がバンドグループの人たちに一緒に演奏をしようと持ちかけた。しかしメンバー間で話は出るものの、ああでもないこうでもないと一向に話が進まなかった。なので、僕から強めにやるように促したところ、メンバーが徐々に増え、練習会にはレッスンスタジオに入りきれない数十人のメンバーが集まった。バンドグループのメンバーがその様子をネットにアップすると、参加してない人が「もったいなかった、行けばよかった」と思うような展開になり、ある種のムーブメントが起きることになった。

本番ではジュディ・アンド・マリーのギタリスト、TAKUYAさんの目の前で本人の楽曲を演奏するという機会も得られた。もちろん、大盛り上がりで、みんなは「やってよかった」と口々に言っていた。

こんなことは誰にだってできる。言ってみれば、マインドセットすればいいだけのことなのだ。ＨＩＵに僕がいることで、こういったマインドセットを促すような仕組みが成り立っている。

そうやって上から命令されてやるのでは、会社と同じではないかと考える人もいるかもしれない。だがＨＩＵはメンバーに給料を支払っているどころか、逆にメンバーが月額1万円を払って参加している。

お金を払って参加しているのだから、やらなければ損だと思ったり、「元を取らなきゃ！」と思って動くという損得勘定なのかもしれないが、何がきっかけであれ、結果として行動を起こすことが大事だ。

こうした仕組みは会社では難しいだろう。給料の対価として労働を提供するというやり方だと、やらなくても給料をもらえてしまうことになる。社員は労働法によって守られているからサボっていても給料がもらえるし、給料をもらうために会社に来ているだけだからだ。だから、「やれ」と言われてもやらない。

ＨＩＵに入れば僕の話が聞けるし、面白いゲストの方にも会えるからイベントには人が集まる。でももし、これが会社だったら「なんで社長の講演なんかに行かなきゃいけないの？」という話になり、おそらく誰も来ないか、嫌々来る感じになるだろう。「社長がバンドで演奏します」と言ったら、なんで社長のライブに付き合わなきゃいけないんだよ、と考えてしまう。おまけに「社長の下手くそなバンドに無理やり付き合わされて苦しい時間なう」などとTwitterに書かれる。

人が嫌々従属している場所ではトップダウンで引っ張る必要がある。しかし、人が楽しみながら積極的に何かに取り組む場所では、ネタを投下するだけで、みんなが勝手に行動するので繁栄する。

とはいえ、こういったＨＩＵの仕組みも、最初から考えていたわけではない。もともとオンラインサロンという仕組みがワークするかどうかわからない段階から手を出し、実践しながら理論化されていったものでしかない。「最低でもこのくらいはできるかな」というところからスタートして、走りながら考えていく。そうやって現在の「行動する場」としてのＨＩＵが組み立てられてきたのだ。

オンラインサロン発足の秘密

ＨＩＵは傍から見たらおかしな仕組みだ。メンバーは月額１万円を支払って、僕が率先して「やりたい！」と言ったことを手伝ってくれたりもする。自分がやりたいと思ったことを手伝う経験を得るのにお金を払う。

でも、これ、実は日本人の多くがすでにやっていることだ。たとえば大学。私立大学では月に約10万円という学費を払って経験を得ている。大金を支払っているのに研究にまで参加している。それが大学を卒業し、会社に入った途端にそこで得た能力が月給20万円といった価値になって自分に戻ってくる。

しかも、大学時代はお金を払ってでもやりたいと思っていた研究も、会社に入ってお金をもらうようになって研究をすると、なぜか急に動けなくなってしまう。

なんとも不思議な仕組みだと思わないだろうか？

そこには中間がないのだ。なんとかしてこの急激なギャップを埋められないか、と僕は考えた。それが最初「堀江貴文サロン」という名称であったオンラインサロンを「堀江貴文イノベーション大学校」に変えた理由の一つでもある。

僕は会社を経営していたころから、「なんでこんな人材に月に20万も30万も払わなきゃいけないんだ？」と思うことがたびたびあった。明らかに給料に見合う働きをしていない社員もたくさんいたからだ。もちろん、月に50万円払ってもいいと思える仕事をしている社員もいた。だが、会社が社員の時間を買っているような仕組みには、どうも違和感を覚えざるを得なかった。

このような経緯から、サラリーマンと大学生の中間みたいな場所を構築できないものだろうかと前々から考えていた。それがＨＩＵ構想の根幹だ。そして、僕なりのさまざまなチューニングを経て、前述のとおり「行動する場」としてのＨＩＵが形作られた。第3章でも述べたように構想の原型はいくつもあったのだが、それらをブラッシュアップして負担がなく、最大の成果を出せる仕組みを模索したのである。「堀江貴文イノベーション大学校」というネーミングも、ブランドとして使えるものは使っていこうと考えた結果だ。

いまはサロン内に「編集学部」というグループを設けているが、これは佐渡島くんや幻冬舎で僕の編集担当をしている箕輪《みのわ》厚介《こうすけ》くん、僕のメルマガや本書の構成も手がけている杉原光徳くんが、特任教授となっている。そして彼らの講義から、参加者は実践として彼らの仕事の手助けをすることにもなる。もちろん、実践的なものなので相当な経験を得ることができると思うし、そこから派生して収入につなげることができるようにもなるだろう。

こう聞くと、ものスゴく大きなことをやっているようにも見えるかもしれないが、実際にはそれほど大したことをやっているつもりはない。見せ方で箔《はく》をつけたり、いろんなギミックを取り入れて、お得感も出していこうという試みをしているだけのことだ。

これまでもそういう場所がなかったわけではない。たとえば昔からある青年会議所などもそれに近い存在だろう。しかし、青年会議所はネットがなかった時代に、地縁のようなもので互いを縛るものだった。

いまはネットの時代だ。グローバルニッチとまでいかなくとも、これまでよりも興味の強いコアな層だけで集まってもまったく問題ないのである。むしろ組織ができ上がってくると、コアな分だけ雰囲気が出てきて、うまく連鎖が起きてくることもあるのだ。

イノベーションを生み出すための仕組み

行動する場であるＨＩＵやオンラインサロンは、イノベーションを起こす仕組みを導入しやすい。

前述のバンドグループのように、ＨＩＵでは自分が好きなこと、やってみたいことをサークル的にメンバーが立ち上げることができる。メンバーが自ら率先して動き、その中でさまざまなことが誕生している。

たとえばドローンのグループでは、最初に数人のメンバーが集まってレースなどをやっていたが、そのうち「日本ドローンレース協会」と自ら名称をつけてさまざまな場所でイベントなどを開催。催事に呼ばれることもあれば、アーティストのＰＶ撮影に協力するなど徐々にその存在を大きくしていき、最終的にはドローンレース世界大会の日本代表を決めるレースも主催するようになっている。

いま日本でドローンレースをやっている人の多くは、サロンの出身者が占めているような状況だ。ここまでくれば、左うちわとまではいかないものの、それなりに事業として成り立たせるのも難しくないだろう。

このように、ＨＩＵでは好きなことに真剣に取り組むことで、いままで存在しなかった事業を世に送り出すというイノベーションが起きている。

イノベーションを起こすには、最初に誰かが発案して動き出す必要がある。これはどの世界でも同じである。

これをわかりやすく伝えるために、僕がよく用いるのが「ファーストペンギン」の話だ。

ペンギンは空を飛ぶことができない。そんなペンギンは子どものときは陸の上で親からエサをもらいながらぬくぬくと育っているが、いずれ親離れしてエサを自分で獲らなければならなくなる。しかし、エサである魚を獲りに海に入ればシャチなどの天敵もたくさんいるし、その他にも数多くの危険や困難があったりする。

そんなときに、群れの先陣を切って飛び込む勇気と行動力のあるペンギンが、ファーストペンギンだ。ファーストペンギンは、誰もいない餌場に一番に到達できるからエサにありつくことができる。逆に、安全を求めて出遅れたペンギンはエサにありつけるかどうかわからない。

これは人間の世界でも同じではないだろうか。「あいつはおかしい」と言われながらも先陣を切って研究をして成果を出す人は、言ってみればファーストペンギンだ。

ＨＩＵから誕生した日本ドローンレース協会も同じだ。しかもペンギンの世界と違い、ＨＩＵでは楽しみながらイノベーションを起こすことができるし、当たり前だが、命をかけるような危険もない。

追随するセカンドペンギンと違い、ファーストペンギンは突拍子もない行動をするので、一歩間違えば狂っていると思われがちでもある。結果、ファーストペンギンは痛い思いをすることも少なくない、というか、むしろ多いだろう。言ってみれば、一か八か、のような感じである。それはそうだ。最初に海に飛び込むのだから、エサにありつける可能性も高いが、もしかしたらシャチに食べられてしまうかもしれない。

だがいったんファーストペンギンが海に飛び込むと、セカンドペンギン、サードペンギンと続いて飛び込むようになる。もちろん最初に飛び込んだファーストペンギンは勇気があるのだが、このセカンドペンギン、サードペンギンも大事だ。

そしてＨＩＵには、このセカンドペンギンも出てきやすい環境がある。

昨年、僕がクロアチアにあるマグロの生簀《いけす》で体験したダイビングが素晴らしかったので、HIUのメンバーも参加できるよう紹介することにした。あんな体験はなかなかできないのだが、最初は誰も手を挙げなかった。最終的には一人が参加を表明し、そのメンバーの体験談をHIU内やメルマガに掲載したところ、それを読んだメンバーからは「自分も行きたい」という声があがってくるようになった。

第3章で述べたピロリ菌の検査・除菌の啓蒙活動「予防医療普及委員会」に比べるとHIUはまだまだではある。発足して2年弱（2016年6月現在）ではあるが、形になっているプロジェクトもそれほど多くないし、スピード感や資金力など足りない部分もある。しかし地道にやり続けていくことで、ある瞬間から急激に変わり、そのうち「予防医療普及委員会」のように大きなことができるようになるかもしれない。

ムーブメントには「2人目」が大事

『TED』という、世界的講演会を主催している非営利団体がある。その講演であるTED Conferenceでは、科学や学術、エンターテインメントなどさまざまな分野の人物がプレゼンテーションを行っており、その様子はYouTubeなどにもアップされている。

そんなTED Conferenceの一つに『イノベーションの起こし方』というものがある。

大きな広場があり、そこで最初に変な踊りをしている人がいたとしよう。あまりに変な踊りだったので、周りにいる誰もが「なんだこいつ？　大丈夫か？」と、最初は遠巻きに眺めていた。そのうち、その変な踊りを真似る人物が出現した。これで変な踊りをする人物は2人になったのだが、それを見た周囲の人は「あれ？　2人になった」と思いはじめる。

そうこうしているうちに、変な踊りを真似する人物が3人、4人と増えてきた。こうなると広場にいる人たちは「もしかしたら、これは何かムーブメントなのではないか？」と思いはじめる。そして真似をして踊る人は徐々に増えていき、最終的には広場全体で変な踊りがはじまる。

ものすごく簡単に説明すると、このような内容だ。

このイノベーションの起こし方の重要なポイントと言われているのが、「2人目が大事」ということだ。もちろん最初に動いた人、ファーストペンギンであるイノベーターも大事ではあるのだが、2人目、3人目のアーリーアダプターのようなセカンドペンギン、サードペンギンとなる人たちがいたからこそムーブメントは起きた。

そして最後に講演の登壇者はこのようなことを言った。

「自分の周りで革新的な変なことをしている人がいたら応援してあげて欲しい。そうすることによってイノベーションというのは広まるのである」と。

このたとえ話をするときに、僕がライブドア時代にプロ野球の近鉄買収を掲げた際の楽天の話を出すことがある。ライブドアは近鉄買収を断念して、代わりに新球団設立を表明したのだが、同じタイミングで新球団設立を発表した楽天に、参入争いで敗れることになったのだ。

当時の僕はファーストペンギンだったし、楽天の三木谷浩史《みきたにひろし》さんはセカンドペンギンだった。決して揶揄《やゆ》しているつもりはない。なぜなら大事なのはセカンドペンギンだからだ。むしろファーストペンギンよりも、セカンドペンギンの方が大事なのである。

セカンドペンギンとして三木谷さんが手を挙げたからこそ、いまのプロ野球がある。

三木谷さんがセカンドペンギン、Softbank の孫正義さんがサードペンギンだ。そうやっていくうちにフォースペンギンとなるＤｅＮＡが現れて、プロ野球の世界がどんどん変わっていった。そして彼らによって、いままでにない新しい球団経営がなされ、いままでにない新しいカタチで多くの人がプロ野球を楽しめるようになった。彼らには感謝しなければならないとすら思っている。

セカンドペンギンになることはファーストペンギンに追随することだ。ただ、ファーストペンギンに共感や賛同をしていても、二の足を踏む人が多い。

そんな人たちの意見を聞く限り、「答えや得られるものの確証がないと、リスクをおかして賛同することが難しい」のだという。何かを捨てなきゃいけない気がして、勝算がないと動けないという。「飛び込めば大きなものが得られるかもしれない」と思っているのだが、何かその確証や保険が欲しくなるのかもしれない。それをリスクマネジメントというのかどうかはわからないが、僕にはまったく理解できない。

やらない言い訳をしていたら、いつまで経っても変わらない。だから、あまり考えすぎない方がいい。

人は新しいことをはじめたからといって、いままでやっていた重要なことをおろそかにするようなことはしない。生活をするために仕事をしていたとしても、その仕事は自分にとって必要不可欠だと思っていれば絶対にやめないし、蔑ろにもしないので、いままでのことを継続しながら新しいことにも挑戦するはずだ。むしろ、いまやっていることを蔑ろにするくらいなら、それは新しくはじめたことの方に振り切った方がいい。

そこまで考えずとも、やってみたら意外と大したことがないことの方が多いものだ。なにもむやみやたらに動けと言っているわけではなく、うまくいくイメージを描きつつ、常に思考を停止させずに動けばいい。

現状がいいと思っている人も多いだろう。それはそうだ、同じことをしていれば楽に決まっている。しかし新しいことをはじめるのは、決して苦しいものではない。なぜなら、面白いことや興味のあることをするからだ。

だから、動いてみると、結果として面白いことの方が多いのだ。

サロンの仕組みは「推進力」で成り立っている

いま、さまざまな事業に携わっていて感じることは、利益率の低い仕事や、手間のかかる仕事は僕が引き受ける意味がないということだ。

たとえば僕が発行するメールマガジンでは「ビジネスモデル教えちゃいます塾」と題して、ビジネスモデルを紹介するコーナーがあるが、ここで紹介しているビジネスはわざわざ僕が手がけてもしょうがないものだ。

いずれもうまくやれば年間2000〜3000万円は稼げるようなビジネスモデルではあると自負しているが、そこに書かれていることは、なにも僕にしかできない仕事ではないし、それで儲けたいと思っているわけでもない。

やりたい人にはどんどん実践してもらって、結果的に便利な社会になってもらえればいいと考えている。最終的に、それが僕にとっても非常にありがたい。

そして、これと同じような現象がＨＩＵにもあったりする。

最近だと「サバイバルゲーム」がサロンメンバーの中でも盛り上がっている。いまはまだ小さなマーケットだが、これから人々の余暇時間が増えてくれば、サバゲーの需要も高まってくるはずだ。そのときに、いまのうちからはじめていれば、10年後にはサバゲーフィールドの運営や武器の販売など、どんな形になるかはわからないが、セミプロやプロになる人がいてもおかしくはない。

僕はＨＩＵやメルマガで、そういったネタを投下し続けている。

外部の人からは「堀江さんがビジネスモデルの授業をしているのでは？」と思われることも少なくないのだが、何か特別なことをしているわけではなく、基本的にはFacebookグループのスレッドにメルマガと同じように面白そうだと思うことを書き込んでいるだけだ。

もちろん、前にも述べたようにネタを投下して誰も動こうとしないときには、強制はしないが「なんでやらないの？」と強めに口を出すことはある。

でも最近は、僕自身がそんなに関与しなくても、面白そうなことがあればＨＩＵのメンバーが「何かをやろう」というふうに自ら動き出すようになってきている。

たとえば、上海のプロジェクションマッピングを使った「Ultraviolet」というレストランに行ったという情報が上がると、「じゃあ行ってみようか」と数人が弾丸ツアーを組み、Ultravioletだけでなく中国のリニアにまで乗ってきたというオマケ付きのレポートが上がったりする。

すると、またそれを体験してみたいと考える人間が現れる好循環が生まれ、動き出すノリの良さなんかをみんながわかってくるようになる。

こういった仕組みは、なにも僕に求心力があるからできるのではなく、単純に「推進力」の問題だ。自分もやらなければと思わせるような仕組みを持った土台があればいい。ファーストペンギンが動き出し、セカンドペンギンが動きやすい環境を整えればいいのだ。

大学院にも企業にもできない研究のカタチ

ここまでＨＩＵの仕組みについて書いてきたが、実はこの先にあるものも考えている。それは、〝大学院の研究室と企業の研究所の中間となるような組織〟を作るという構想だ。

日本の大学院生は返還不要の奨学金をもらっている場合は別として、ドクターやマスターでもバイトをしながら学費を払っている人が割と多い。それが企業の研究所に就職するといきなり20〜30万円もらえるようになっている。そして、その中間が存在していない構造だ。

日本の大学院はドクターコースの学生の多くが単位取得退学したり、Ph.D（日本で言うところの博士号）をとれたとしても「オーバードクター」といってポストがない、職がないことが問題になっている。しかも、彼らは基本的にプロスポーツ選手のような短期雇用なのでかなり大変だ。

だからＨＩＵのようなオンラインサロンの延長線上で、大学院と企業の中間、メザニン（中二階）にあたる場所を作れないかと思っているのである。

たとえば、僕が手がけているロケット事業「インターステラテクノロジズ社」は東京大学などの大学と共同研究しているのだが、そこにいる東大のドクターコースの学生が、インターステラテクノロジズ社で働きたいと言ってくれていたりする。大学院で学費を払いながら手伝う状態から、インターステラテクノロジズ社で給料をもらいながら同じことをする。

東大にも籍を置きながらでもいいし、他の会社に籍を置きながらでもいい。働ける、研究できる「サロン２・０」とも言えるラボがあってもいいはずだ。いま、日本の大学院はアカデミックな方向に走りすぎているし、ポストや固定給といったいろんなものに縛られている気がする。もっとカジュアルな場があってもいいのではないかと思うのだ。いまのところ、この場所はまったくの空白地帯であり、この仕組みを必要としている人もいるはずだ。今後はクラウドファンディングやクラウドソーシングサイトなどがうまく連なって一気に広がる可能性も秘めているだろう。

いま動いている「編集学部」のように、仕事の前段階にあたる場所はあってもいいはずなのだ。

似たところでは、「宇宙工学科」構想もある。インターステラテクノロジズ社や、協力してくださっている大学教授や専門家を毎週招いて講義をしてもらう。もちろん、ただ講義を受けるだけではなく、実践的な活動も行っていくつもりだ。

たとえば、ペットボトルロケットの打ち上げというのも考えられるだろう。そしてメンバーは、インターステラテクノロジズ社の研究に参加できるようにする。もしくは、宇宙工学科の中にいる優秀な人に対し、会費を免除していくといったことも可能だ。

運営資金だって、大学の研究にスポンサーがついているのと同じことができる。もしくは勉強は得意ではないが、お金は出せるという会員がいれば、会費を払ってそこに参画させるというのもアリだろう。ハーバード大学が、お金持ちの息子を入学させているのと同じことだ。

そうでなくとも、ＨＩＵから設備や資金を提供できるような形にして、マネタイズの支援もしていける。そして研究から生まれたプロダクトでまた研究資金を稼ぎ、それを循環させていき、最終的には先進的な研究ができるようになればいい。

いま、ＨＩＵのオンラインスレッドには「自分が考える次世代のパーソナルモビリティ」のデザイン画を投稿したりするなど、アイデアの交換が活発に行われているが、これをきっかけにしてＥＶや自動運転のラボが生まれ、研究が進んでいくという可能性もある。もちろん宇宙工学や自動運転に限らず、地方創生ラボといったあらゆる形が実現できるはず。

こうした仕組みは、大企業にはすぐに真似できないだろう。というのも、ＨＩＵにおける僕のような人物がモデレーターとなり、引っ張っていく必要があるからだ。

大企業にはそういったトップダウンの仕組みが存在しない。もちろんあるにはあるのだが、そこに所属している人たちは〝やらされている感〟が強い。そして社内政治ばかりに目が向き、保守的な方向に進んでいかざるを得なくなる。

現状、何かの研究をしよう、突き詰めようと思ったら、大学院の研究所か企業の研究所のどちらかに所属しないと実現するのは難しい。そんな場所では、既存の考え方を壊すものやまったく違うものを作ろうとすると、反対意見が出てきてしまったりする。だからこそ、同じ意識を持った人たちが集まり、しがらみに縛られない場所が求められていると感じるのだ。

楽しみながら学ぶ「新時代の塾」

オンラインサロンの仕組みの延長で「教育」を変えることだって可能だ。

いまの時代を生きていくために、もう受験科目の勉強はいらないものになってきている。むしろお金の仕組みや社会の仕組みのような、これからの社会を生きていくうえで必ず必要とされる知識を植え付ける教育をする場所を作るべきだろう。

しかし、いまの教育現場には、実際に社会に出て役立つ簿記や生き方学、暗号通貨の仕組みやインターネットの概念的なモデルなど、本当に教えなければいけないこと、これからの時代を生きていくために必要な知識を教える「場」が少ない。

だからこそ、真の意味で役に立つ学びを、既存の枠とは違った方法で教える場として『堀江貴文イノベーションハイスクール』みたいなものを作りたいと考えている。

アメリカのとある起業家は、物理を教える際にスマートフォンを教材にすると言っていた。というのも、スマートフォンというデバイスは現代の技術の集合体だからだ。たとえば、画面に使われているサファイアガラス。なぜサファイアガラスが使われているかと言えば、サファイアは酸化シリコンの純粋な結晶に近いものなので、割れにくいのだ。このように物理を教えるときに、スマートフォンのように身近なものから遡っていくことで、勉強も面白くなるしわかりやすくもなる。

他にも体育が嫌いな子どもには、サバイバルゲームやトライアスロンからはじめるようにさせるとか、いくらでも面白いところから入っていく勉強の方法はあるはずだ。

座学で言えば、動画配信を観ていれば十分だ。いまでも予備校の先生などが面白おかしく勉強を教えるリクルートのサービス『スタディサプリ』などがある。ただこれは、あくまでも受験勉強であって、やはり楽しみながら勉強している感はない。

だから、僕であればスタディサプリをさらにバージョンアップさせることをする。

人気番組の『明石家さんちゃんねる』や『中居正広の金曜日のスマたちへ』などを手がけた敏腕プロデューサーの角田陽一郎《かくたよういちろう》さんは、役者が自動車学校の座学を教えるというビデオコンテンツを作っている。自動車学校の先生の面白くない話を聞くよりも、この方が圧倒的に生徒のモチベーションが変わってくる。授業中に寝る人もいなくなるだろうし、みんな能動的にビデオを観るようになるだろう。これを真似すればいい。

このような形で教材になるようなコンテンツを充実させて、月額1万円のサービスとして展開できるのではないかと考えている。

この楽しみながら社会で必要なことを学ぶ場として、カドカワが手がけている『N高等学校』（通称、N高）というのがある。

カドカワの代表である川上量生《かわかみのぶお》さんの肝いりで2016年4月からスタートし、注目を集めているN高だが、学校法人の形式をとっているので指導要領には従わなくてはならない。

一方で、僕が考えている学びの場は、指導要領など一般の枠にとらわれずに、教育ができる場所だ。学校法人にしてしまうと縛りや制約だらけで、できることに限界が出てくる。だからこそ、既存の制度に頼らない、自由度の高いところで「新しい時代の塾」とも呼べるようなハイスクールを作る。これが僕の構想だ。

学校法人であるかどうかは関係ない。大切なのは内容とブランド価値だ。何か面白いムーブメントが起き、「堀江貴文イノベーションハイスクールの人材っていいよね」という雰囲気が出てくれば、企業が大量に採用をはじめる可能性も高い。

その昔、一般教養の授業が肌に合わず、パソコンにのめり込みすぎて引きこもりになって高校を中退してしまった男子がいた。

世間一般の基準で言えば、落ちこぼれ、ということになるだろう。しかし、彼は趣味が高じて自分でネットサービスを作り、その能力が認められ、ベンチャー企業に就職。その会社はみるみる成長し一部上場企業へと変貌、いま彼は一部上場企業の部長として活躍している。そんないまの彼を見て、誰が落ちこぼれと言うのだろうか？　サクセスストーリーとして「そんなこともあるよね」ではなく、これは誰にでも実現できることだ。そんなに難しいことをしているわけでもない。

たとえ会社が上場しなくとも、彼はプログラマーとして引《ひ》く手数多《てあまた》だったに違いない。少なくとも僕が会社経営をしていたら、資格を持っているだけの高学歴より、何ができるか明確にわかる彼を採用する。

よく「資格を持っています」という資格マニアみたいな人がいるが、雇う側からすれば、資格なんていらないから何ができるかを見せて欲しいというのが本音だ。そういう、社会が必要とするスキルを身につける場が必要なのだ。

そのためには自由度を高くして、自分が好きだと思えることを社会のニーズにつなげる能力を磨く現場が必要だ。そういった方向を目指せば、N高とは違った面白いものが作れる、そして本当に世の中で必要とされる人材が育つと思うのだ。

サロンに民主主義はいらない

会社を経営していたころから、僕は〝馴れ合い〟のような空気というのが本当に大嫌いだった。社内でムラを作り、自分たちの派閥を作ったりすることに意味はない。だからＨＩＵでも変なムラの掟のようなものを作らないようにしているし、新しく入ってくる人たちを拒否しない雰囲気を大切にしている。

こういったことは、僕がいればコントロールできる。

ＨＩＵには先輩後輩という関係もまったくなく、いつ入ってきても面白そうな奴だったらすぐ目立つ存在になれるし、長く在籍している人が偉いわけでもない。古くからいる人は、ただ単純に前から何かをやっているというだけのことだ。

もちろん、変な思想をばらまく人や、派閥を作ったり喧嘩をふっかけたりするような迷惑な人はご遠慮願うが、それ以外にいわば入試のようなものもない。

そして、これらを決めるのは、あくまで僕の中での基準だ。

組織というのは、圧倒的存在感のある誰かが間違っているものに対して「それは違うでしょ」と言わないと、変な方向に進んでいくものだ。

会社もそうだろう。上司の顔色を窺い、空気を読んで、間違っていることを間違っていると言えない環境があるとダメな方向に進んでいく。

そういう意味で、先にも述べたとおりＨＩＵは民主主義ではない。僕がいいと感じている社会を作り出していくための場所であり、論理的に正しいことを言った人が評価される場所だ。

民主主義を用いると組織は大きくなっていくにつれ、おかしくなっていく。

ＨＩＵの前身である「堀江貴文サロン」も初期のころは、「合宿の日程が都合に合わない」とか、「イベントが先着順の募集だとその日にチェックできない人は不公平だ」とかいろいろ言う人間がいた。そういうことを言う人間がいるのはしょうがないことだと思う。

でも、ＨＩＵは僕のやり方でやらせてもらうことにしている。

それこそ学校法人ではないのだから、何かに縛られるような外部要因もない。もちろんメンバーの意見を聞かないわけではないが、「その日は参加できない」とか「みんなの予定を考えて休日にイベントを開催して欲しい」とか、つまらない意見や質問は控えてもらう。誰もに平等なことをしていたら、何も進まないし新しいことも生まれてこない。

実際に、僕が投下したネタをファーストペンギン、セカンドペンギンとして動いたメンバーがいて、それをきっかけに成果を出している事例もたくさんある。結果が出ていなかったら文句を言う人間もいるだろうが、カタチになっているものもたくさんあるのだから、このやり方は間違っていないと理解してもらえるだろう。

そもそも、最近は民主主義に限界が来ているのではないかと感じている。

政治家の選び方だってそうだ。税金の無駄遣いだなんだと揚げ足取りのような感情論で非難して、政治家としての能力以外の部分で選ぼうとする。そんなことをしたら、最終的には共産党系の政治家が選ばれることになってしまうだろう。

たとえば、「ウチの党に投票したら現金100万円給付する」というマニフェストがあったら生活に困っている人は投票してしまう。不況になればなるほど、将来よりいまの生活を優先するようになる。言い換えれば、国がボロボロでも、庶民の感情を代弁する方が政治家としては得をする（当選する）ということを意味することになる。

トータルで長期的に考えたときに、それはいかがなものか。

もちろん、過度な無駄遣いや政治活動とはまったく関係ないところで税金を浪費することは問題だ。だが、国をよくするために政治活動をするのであれば、多少無駄遣いをしたとしても政治家として有能な人を選ぶべきではないのか。リーダーシップがあり本当に世の中を前進させてくれる推進力のある人を選んだ方が、結果としてはいいのではないか。

嫉妬や感情論を解消するのは本質的に不可能だ。こういった嫉妬が渦巻く状況では多数決が必ずしもいいとは限らなくなってくる。そうなると、これはやはり民主主義の限界なのかと思えてきてしまうのだ。

このままだと、日本は住みにくい国になってしまう。もう、「国民国家」に変わる新しい仕組みが必要な段階にきているのかもしれない。まずは、この風潮を変えていかない限りはどうにもならない。

だからこそ、ＨＩＵは民主主義を用いていない。

そして、この「民主主義から推進力へ」という考えを多くの人に持ってもらうためにも、ＨＩＵは必要とされる存在になるのではないかと思うのだ。

第5章

会社に属しているあなたへ

ギブ・アンド・ギブ

これからの時代を会社の中で生きるにしろ、会社の外で生きるにしろ、「人を惹きつける力」を持つことは重要だ。

よく「堀江さんの代わりになる人は存在しない」「堀江さんの人を惹きつける力はすごい」なんてことを言われることがあるが、何か特別なことをやっているかと言えば、そんなことはない。そもそも、僕みたいになることなんてそんなに難しいことではない。というのも、人を惹きつける方法なんて、周りから見て面白いと思われることを淡々とやり続けるしかないからだ。そんなことは誰にだってできる。

仮に僕のようになりたい人がいたとするならば、僕のメールマガジンを購読すればいい。そして、そこに書かれている僕の毎日の行動を真似して、スケジュールを詰め込み、毎日の密度を上げてみればいい。

ただ、覚えておいて欲しいことがある。それは、僕が「保険をかけていない」ということ。そして、いろんなものを「捨てている」ことだ。

いまの僕には家もなければ、車もない。家族（親は生きているが）もいなければ、帰省をして親孝行することもない。お金持ちの人は、家庭だけでなく自宅や別荘を持っていたり、高級な腕時計やアクセサリー、車などを持っていたりするものだが、僕はそういったものを一切捨てている。

正確に言えば、「捨てている」というよりも「必要ない」と思っている。僕はこれらの必要のないことはすべてやっていない。腕時計がなくてもスマートフォンを持っていれば十分だし、朝食も食べない。毎晩のように飲みには出かけるが、それは、そこで良い出会いが生まれることもあるからであり、ダラダラと無意味に飲むようなことはしない。

一言で言えば、取捨選択だろう。

捨てるかどうかは気持ちの問題だ。捨てられないなんてこともないだろう。見栄《みえ》や優越感を捨て、自分にとって必要なことを見極め、いま自分が持っているものの中から必要のないものをバサッと捨ててみる。人間のキャパシティなんてものは、ほとんど変わらない。だから、何かを捨てた分だけ、どこかで突き抜けることができるのである。

もちろん頭でそういうことを考えても、意味がない。大事なのは行動だ。

そうやって突き抜けた行動をすると、周りが面白いやつだと思いはじめる。そうやって僕は自分のやりたいように動き、その結果、多くの人が協力してくれる状況が出てきている。

中には人を惹きつけることで「大きな人に認めてもらって、一緒に仕事をしたい」と思っている人もいるだろう。だが、そんなことを目的にしているのは本末転倒。人は寄ってこない。何かを求めて動いても、そんなものは見透かされてしまう。テイクを意識しすぎだ。

大事なのは、ギブ・アンド・テイクではなく、ギブ・アンド・ギブ・ギブ、ギブの精神だ。

僕個人は、人を惹きつけるような事業をやろうとか、誰かに一緒に仕事をしたいと思ってもらおうなどとは、これっぽっちも考えていない。そもそも相手に認めてもらっても別にいいことなんて何もない。そういう発想になってしまうのも「周りの評価」というものを捨てることができていないからだ。

認めてもらうかどうかは関係なく、お互いにとって何かの面で「win-win」の関係になればいい。この人と一緒に仕事がしたい、と思えるような面白いことをすればいい。

周りの評価ではなくて、自分が満足できる面白いことをすればいいだけなのだ。

キングコング西野にみる、惹きつける力

面白いことをやっている、と言えば知人であるキングコングの西野《にしの》亮廣《あきひろ》さんもそんな一人だ。

西野さんはいま、「町」を作ろうとしている。まず、その発想が面白い。だから、僕も触発されて村を作る計画をＨＩＵのメンバーと立てている。

彼は、絵本作家としての才能を発揮して活躍しているが、お笑いコンビとしての活動もある。しかし、彼にとっては、どちらも作品としては大きなものではないという。

たしかに大きなものというのは圧倒感がある。ただデカイというだけで、なんとなくすごいと感じてしまう。アートとしてどうなのかはわからないが、牛久や奈良の大仏、『太陽の塔』やシスティーナ礼拝堂の壁画『天地創造』などもその一つに入るだろう。

そんな意味からか、とにかく彼はもっと大きな意味で作品を作ってみたいと考えていた。だが、いろんな仕事をしながら一人で超巨大な作品を作るのは一筋縄ではいかな

い。そこで彼はお客さんが参加してデカイ作品を作ることはできないかと考えていた。

もちろん、芸人をやっているくらいだから、彼はお笑いが好きだ。しかし、いまのお笑い芸人はテレビに出ないと生活できない。とはいえ、ネットコンテンツが溢れている昨今、テレビの視聴者の年齢層は高くなり、これからの時代はその傾向に拍車がかかる。そんな場所に合わせてサイズダウンしていくのは嫌だと彼は考えていた。

ライブだけでいい生活ができるようになろう。これが彼の目標だ。しかし、過去を振り返ってみると、単独ライブだけで生計を立てている芸人はここ半世紀くらいみても存在しない。大御所《おおごしょ》であっても、単独公演に加え、芸人が集まる劇場に出演することで生計を立てているのが現状だ。

きっと、何かを取りこぼしているはず。そこで彼は自分のことに置き換えて考えてみた。

彼は毎年、日比谷公会堂で２０００人を呼ぶトークライブを行っている。一枚２０００～３０００円のチケット代で毎年２０００人を集めるのは楽ではない。なんとかして２０００人を集めてライブをやっても、終演後に「また来年も２０００人集めるのか」

と思うと辟易としてしまうそうだ。

そんなイベント後に、お客さんが近くの飲食店に流れ、チケット代以上のお金と時間をお店に落としていくのを見かけた。言うまでもなく、彼にリターンなどはない。これは、彼が集めたエネルギーを関係のないところにリリースしているということになる。

それであれば、知人の飲食店にチケットの半券を持参するとサービスが受けられるようにして、お客さんをそちらに流せばいい。そして、その店でまた別の店を紹介し、その先でも同じことが起き、最終的に彼のトークライブにお客さんに戻ってきてもらえば、リリースではなく「循環」させることができる。そういった状況を作れば、はるかに効率良く2000人を集めることができる。

そこで、大きなものを作りたいという思いと2000人をシェアする状態ができるのは、町を作ることだと考えたのだ。

そして、某企業から呼ばれて1万人以上が集まるイベントが開催された際、「こんな町を作りたい」という企画をやったところ、とある地主さんから「うちの土地を使っていいですよ」と言われ、1200坪の土地を借りることになった。そして彼のファンと一緒に「おとぎ町」を作ることになったのだ。

では実際に町を作るにはどうしたらいいのか。利用しているのはクラウドファンディングだ。何かを作る、たとえば「井戸を作ろう」と決めたらクラウドファンディングでお金を集めて賛同者を募る。クラウドファンディングの返礼は、彼との写真撮影や、町づくりに参加する権利などだ。

穿《うが》った見方をすれば、彼は自分の作品である「町」を作るにあたり、クラウドファンディングでお金を払ってもらいつつ、手伝ってももらっていることになる。しかし、これは、お金を払っても達成感を得るために動けるということの現れであり、そういうことが実際に起こりつつある。

相手ののどに小骨を突き刺せ

そんなことを実現した西野さんいわく、いまのエンターテインメントは三つ目のフェーズに来ているという。

一つ目は絵画などの作品のように「私が作ったものを見ろ、私の才能どうだ！」というもの。これは従来のエンターテインメント作品にもあるだろう。

二つ目はインタラクティブ型と言われているもの。パズルや脱出ゲーム、遊園地など、いわゆる参加して楽しむものだ。

そして、三つ目が「伸び率」だ。たとえば、ディズニーランドに行ったとしよう。ディズニーランドは行けば、楽しいことが約束されている場所だ。もちろん楽しいのが当たり前の場所で楽しむのだからハズレはない。しかし、人間にはもっと楽しい、幸せだと思うタイミングがある。

それが「前からの伸び率」だ。いつもテストで90点をとる人間が96点をとるよりも、いつも15点の人が60点をとる方がはるかに幸福度や喜びは大きい。起業してうまくいったときに嬉しいのは、うまくいかないかもしれないという不安があったからで、それだから頑張れたりもする。そして、そこから解放されたときにものすごく幸せな気持ちになる。それと同じだ。

実は脱出ゲームなどのインタラクティブ性のあるゲームも、失敗するかもしれないという不安があるからこそ、成功したときの喜びが大きかったりする。それでも、いろんなゲームを何回か試しているうちに、コツみたいなものが見えてきてクリアできるようになってくる。

そうなると、正直、面白みに欠けてくる。

だからこそ西野さんは、「三つ目のエンタメは不安や恐怖が内包されているもの。うまくいったらすごいものができるけど、下手したら本当に下手なものになってしまう紙粘土のようなもの」ということを話した。

まったくもって同感だ。僕が新しいことをするのは、前述の理由も大きい。難しいものに挑戦して達成したときの方が面白いのだ。見ている方もその方が楽しいし、参加したいという気持ちにもなる。

以前、ジャニーズのグループTOKIOが「DASH村」を作っていたが、たとえそこにTOKIOがいなかったとしても、無料で村づくりに参加したいと思った人はいるだろう。だから、西野さんも「遊園地に行くなら、遊園地を作った方が楽しい」という考えのもと、自分のお客さんを巻き込んで町を作っている。

ただそのためには、旗を振る人間が必要だ。「この人であれば」と思わせる誰かは必要になる。西野さんの町の場合、最初は西野さんが旗を振るだろう。しかし、町を作っていく中で、西野さん以外にも、それができる人間が出てくるに違いない。

そういった人を惹きつける魅力を西野さんは、こう語っていた。

「僕は自分のことを好きな人の数しかカウントしない。自分のことを好きな人と嫌いな人の割合が1対9だとしたら、その割合なんて変えなくていい。あとは声を大きくして、声の届く範囲を広げるようにする。すると、1000万人を相手にした場合、100万人が自分のことを好きだと言ってくれる。嫌われることを恐れて小さい声しかあげていなかったら、結局少ない人しか僕のことを好きになってくれない」

もっともな意見だ。誰にでも好かれようなんて虫がよすぎる。自分のことを好きな人もいれば嫌いな人もいるのが自然な状態なのに、多くの人は、自分のことを嫌う人がいることを懸念する。

でも嫌われることを恐れて、やりたくないことをやっても意味がない。僕も、無理やり同調圧力を仕掛けてくるような環境は苦手だ。自分が楽しくないことをしたくないのは、普通のことなのだ。

そんな同調圧力に負けて輪に入るのは得策ではない。それであれば、自分で新しい遊びを提案した方が絶対に得だ。みんながドッヂボールをやっているときに僕は陣取りゲームをやっていて、陣取りゲームが流行ったときには、自分はすでにうまくなっている、という感じだ。

そして、みんなが陣取りゲームをやっているときには、自分はもう次のことをやっている。そうやって自分が勝てるゲームを自分で作る。あの人に嫌われるとか、干されてしまうとか考えてはいけない。西野さんだって、そうやって自分の道を進むことでライブに来るお客さんが増えたという。

こういう引っ張っていく力を世間は「求心力」と呼ぶのだろう。僕はよくわからない。面白いと思う好きなことを、そして自然とみんなが「あっ、そうだよな」と思うことをやっているだけだから。

もちろん「そんな手段があったのか」と思うようなトリッキーな手法もあるだろう。僕の場合であれば、自社の名前をあえて、買収した会社の社名にしたこともあった。そうやって、細かいアイデアをいろいろテストしていく中で、みんなが驚いて注目するポイントを見つけて実践すればいい。

みんながドッヂボールをやっているときにドッヂボールをやっても刺さらない。もちろん、嫌われもしないだろうが、だからといって好かれもしない。だからこそ「のどに小骨が刺さるようなこと」をやらないとダメなのだ。

“人気者はノリが良い”の法則

こうやって自分で動き出すと、その話が広まり、自然と自分とは違った面白いことをしている人に出会えたりもする。これは刺激的だ。そして、その出会った人と面白いことをしていくと、さらに面白い人との出会いの機会が増えていく。

そういう人たちと一緒にいると、小さな輪に留まっているのがバカらしくなってくるだろう。

人は立場が変われば付き合う人も変わる。これはしょうがないことだ。活動の場が変われば、自ずと話す内容も合わなくなってくる。むしろ昔のままの人脈を引きずり、ムラの掟や過去の関係性にとらわれすぎてしまうと、新しいチャレンジを仕掛けるノリの良さは薄くなる。

もちろん、昔話に花を咲かせるのは面白い側面もあるし、限られたコミュニティーの中には安心感や満足があるのかもしれないが、そんなマイルドヤンキー軍団の中で目立っても所詮は井の中の蛙《かわず》だ。

だから古い友人関係にとらわれないで欲しい。いまの瞬間を楽しんでいる、ノリの良い、新鮮な人と一緒にいて欲しいと思う。その方が、狭い世界で得られるものよりも、もっと質のいい情報を得られることになる。

別に面白いことをしている人と友達にならなくてもいい。そういう意味では、新しく出会った面白いことをする人との関係は友達というよりも、面白いことをシェアし合える同志と言った方がいいかもしれない。しかも面白いことをしているような優秀な人は、そのほとんどが自分の著書やらSNSなどで、思考やビジネスの情報を発信しているから、別に会わなくたって問題はない。

むしろ、僕が一緒にいたいと思うのは、前にどんどん進んで新しいことをする人だ。そういう人と一緒にいると、僕も新しいことを吸収できる。

たとえば、最近は『サンデー・ジャポン』などのテレビ番組にも出演している小田吉男さん。

飲食店やエンターテインメントビジネスの分野で事業展開している彼は、とにかく面白いことに飛びつくスピードが速い。面白いと思ったら即行動という精神から、生のバンド演奏をバックにカラオケができる「BAN×KARA」を立ち上げている。そして面白くてノリの良い小田さんに会いに多くの人が店を訪れるものだから、そこは面白い人のたまり場になり、瞬《また》く間《ま》に大盛況となった。

たぶん、〝普通の基準〟で考えれば小田さんはドン引きするくらいのノリの良さなのだろうが、それくらいの方が惹かれる人も多いものだ。そして、そういう人は過去を振り返らず、いつもその瞬間を楽しみながら新しいことを探している。

それを求心力と言うのかはわからないが、一緒にいて得られるものが多い人、というのは間違いなく事実だ。だから、マイルドヤンキーのように縛られず、そういう人たちとの出会いを求めて欲しいと思うのだ。

他人に迷惑をかけるという求心力

そんなに面白いことばかりしていて、物事が前に進むのか、と思う人もいるだろう。大丈夫だ、面白いことを立ち上げれば自分が動かなくても周りが動いてくれる環境は存在する。自分が動かなくても代わりに動いてくれる人は必ずいる。それが会社という組織であれば、なおさらのことだ。ならば、それでいいと思えないだろうか？

少なくとも、そうやってカバーしてあげたことを喜んでいる人だっているだろう。むしろ、「なんとかしてあげた自分はスゴイ」と悦に入る人もいるだろう。悔しいことに「人をカバーするのが楽しい」という状況が起こったりもする。

そう、楽しいと思えば、人は動く。

僕は「人間は迷惑かけてナンボ」という話をすることがあるが、実際には迷惑をかけられているのに、「誰かを助けてあげている自分」を褒めたくなる気持ちが人間にはある。

もちろん、人によりけりではあるのだが、人間というのはうまくできているもので、迷惑をかけられてもなぜか許してしまったり、助けてあげてしまったりする生き物なのだ。「こいつ、本当にだらしねぇな！」と、思われながらも目をかけてもらえる人が世の中にはいる。

子どもなんかも同じだ。生まれたての赤ちゃんなんて迷惑しかかけない。ウンチは漏らすわ、わんわん泣くわ、面倒なことが9割だと言ってもいい。それでも、親は子どもが可愛いし、「この子は私がいなければ生きていけない」と思っているからこそ、親子の関係は成り立つ。そういう意味で考えると、正しい表現かはわからないが、死刑囚と獄中結婚する女性なども似たようなものだろう。

これは、自分の存在を確認するという意味での、承認欲求なのかもしれない。

では、そういう存在になるためには、どうしたらいいのか？

それはここまで述べてきたように、面白いことをして、相手に「この人は面白いから一緒にいたい」「一緒に何かがしたい」と感じてもらうことだ。面白ければ面白いほど、助けてくれる人は多くなる。

自分がファーストペンギンになり、みんなが面白いと思うものを立ち上げ、そこにセカンドペンギン、サードペンギンが追随してムーブメントが起きれば、自分が少ししか動かなくても組織は回っていく。「予防医療普及委員会」だって、僕よりも他の人が動いてくれたことで成功したものだし、ロケット事業だって同じだ。ある意味でＨＩＵも同じような存在と言えるかもしれない。

ひろゆきくんが立ち上げた世界最大級のインターネット掲示板「2ちゃんねる」も、ひろゆきくんが管理者であった最後のころはほとんどすることがなくなっていたという。それは2ちゃんねるに関わりたいと思っている人同士が勝手にいろんなことをやってくれて、彼のやることが最終判断くらいしかなくなっていたからだろう。そして、彼は自分がいなくても2ちゃんねるが回る仕組みを試行錯誤し、最終的にほとんどすることがなくなったので運営を譲渡したのだろう。

キングコングの西野さんが立ち上げた「おとぎ町」だって同じだ。面白そうだと思うからみんなが参加してくれて、達成感を得るためにみんなが動いてくれる。しかもお金まで払ってだ。

そもそもクラウドファンディングの理念も、これと同じようなものだ。ただ、集めるものがお金ではなくマンパワーであり、寄付に対する返礼が達成感やその場所に所属する権利だったりするだけなのだ。

そして、その他にも相手に助けてもらう、相手に仕事をしてもらう方法がある。

ただ、そこで大事にして欲しいのが、すべてを自分のものにしようとしないこと、自分だけオイシイ思いをしようとしないことだ。

その昔、僕がサイバーエージェント社からシステムの仕事を受けたとき、僕の会社に入ってくる収入は、事業の利益をサイバーエージェント社と一定割合で配分するレベニューシェアだった。

もちろん、毎月定額制で仕事を受けることもできた。正直、その方が事業スタート段階では実入りが大きかったのも事実だ。だが、レベニューシェアにすることで頑張って事業を大きくしようという気持ちにもなれるし、夢を見ることもできる。その方がお互いにとっていいことだ。

ちなみに僕のメールマガジンの売上も、編集者とレベニューシェアだ。年間で億を超える売上にもなるメールマガジンなのだから、編集者にもそれなりの金額を払っている。もちろん、いまの段階になってみると、最初に自分の取り分が減ってでも編集者に定額を払っていた方が、僕の実入りは大きかった。だが、僕はレベニューシェアの割合をいままでに一度だって減らしたことはない。

もちろん、やっている仕事の量が今後減るのであれば変えたりもするが、そうでもない限りは変えないだろう。というのも、メールマガジンは僕のエッセンスを編集者がまとめてくれているものだし、編集者も会員数を増やすために動いてくれているからだ。

そして、そんな関係があるからこそ編集者は、僕の時間を補うようにできる限り手間のかからないような仕組みで動いてくれるし、その提案も呑んでくれるようになる。

他人に頼ることができなければすべてを自分でやらなければならなくなる。他人を頼れなくなれば、生命保険や年金といった「お金」に頼るしかなくなってしまう。

他人を頼った結果、もちろんときには裏切られることだってある。でも、そんなことを気にしていてもしょうがない。人はどこかしらに「邪悪」な面を持っているからだ。

「もしかしたら、この人に裏切られるかもしれない」

そんなネガティブなことを考えたらキリがないし、裏切られたからといって恨んでもしょうがない。すぐに忘れる。そういうものだと思って行動するのが一番だ。

むしろ人の悪いところをどうにかしようとする努力の方がはるかに大変なのだ。

人は「スキル」に惹きつけられる

いまブームのＩｏＴ（Internet of Things）、「モノのインターネット化」が農業の分野で進めば、農作業は自動化され、人は生きるために働く必要がなくなり、食料の供給が保証されることになる。これは大きなことだ。そういった面で僕はＩｏＴに注目している。

そんなことを僕が言うと、それが好きなことか、自分が面白いと感じているか考えもせず、儲かりそうだからとすぐにＩｏＴに飛びつくような人がいる。そういうフワッとした人は、結局何もできないだろう。

世の中にはアイデアはあるけど、システムを作れないという人は多い。だからと言って、企業にそのアイデアを持ち込んでも相手にされないことがほとんどだ。そんなときは本来スキルがある人を雇えばいいのだが、そのためには資金力が必要となってくる。

資金もスキルもない状態で、ビジョンだけある人は意外と多い。僕のメルマガに送られてくる質問の中でも、このジャンルが一番多かったりもする。

そういう場合は、システム開発や品種開発の経験やスキルがある人を探して「一緒にやろうぜ」と粘り強く口説《くど》くしかないだろう。

とはいえ、目立った強みがない中で、自身のやりたいことや目標達成のための投資を望むのは無謀だ。甘い話や未来を語っても、現実的でなければ誰もついてこない。

それでも、どうにかして目標を達成したいのであれば、いろいろな場所でビジョンを語り、賛同して協力してくれる人を探すしかない。

だからこそ、人間関係というのは大事になってくる。これからの時代、仕事はなくなるかもしれないが人間は生き残る。そんな時代に備えてやっておくべきことは、好きなことをすること。そして、人間関係を常にリフレッシュできるようにコミュニケーションスキルを磨くことくらいだろう。

それは、単に会話術を学べということではない。しゃべりがうまく、その場を盛り上げられるというのも、たしかにコミュニケーションスキルではあるが、なにも話ができなくたっていいのである。

本当のコミュニケーションスキルとは、自分から話しかけられるようにしゃべりがうまくなるのではなく、人が話しかけたくなるようなスキルのことだ。

手品が上手だったら話しかけられることもあるだろう。そして、その人しか持っていない知識やスキルがあれば、誰かに必要とされるはずだ。どんなことだっていい。「プログラムができる」でもいいし、「ものすごく知識がある」でもいい。「誰よりもドローンを上手に操縦できる」でもいい。

何か磨かれたスキルを持っていれば、そのスキルが自分の空白を補完してくれるのではないかと考えて、その人に惹かれる人が必ず出てくるはず。

この〝人が惹かれるスキル〟こそが、実はコミュニケーションスキルの本質だ。

そして、そのモノサシとしてみんな資格というものに走ってしまう。資格があれば、それがスキルだと思い込む。たしかに、ちょっとは話のネタになるかもしれない。しかし、資格に縛られ、資格という尺度でしかものを考えず、資格に当てはまるものを探そうとしてもうまくはいかない。多くの人が取得している資格なんてものは、スキルとしての差別化はまったくないので、相手に興味を持ってもらうことは難しいからだ。

だから、スキルがあれば資格なんていらない。重要なのは、自分が持っているスキルを必要としてくれる人がいることだ。

そして、人と会っている中で、自分のスキルを必要としてくれる人がいたら、その人とのつながりを大切にして欲しい。そうすると、気がついたときには、その人からさまざまな誘いがやってくることになる。

面白いと感じること、好きなことを追いかけて得た、多少の努力では真似できないようなスキルこそが人を惹きつけるのだ。

相手の心を読む前に、自分をさらけ出せ

こういうのは相手の心が読めると簡単にできることだろう。でも、そもそも人の心なんてものは読めないいし、読めるようになれると思うのが間違いだ。

よく心理学テクニックみたいな本が出回っているが、眉唾《まゆつば》ものだ。そもそも誰もが本当に人の心が読めるようになる本があるのなら、その一冊で十分だし、こんなに続々と出版されるわけがない。

ものすごく付き合いが長い人でも、「こんなことで怒るんだ?」と思うこともあるように、相手の心を読んだり、すべてを理解することなんかできるわけがない。

自分にできるのは相手に対して自分をさらけ出すことと、自分の望みをできるだけ詳しく伝えることしかない。

自分を少しでも多く知ってもらえれば誤解を与える可能性を減らせる。それに、内心では何を考えているかわからない人には、なかなか心は開きづらいものだ。相手に自分をさらけ出せば、相手にも正しく気を遣ってもらえるようになる。

たとえば、緊張してしゃべれなかったら「いまは恥ずかしがっているだけだから」と自分から言えば、相手は会話自体を嫌がっているわけではないことがわかるので、躊躇《ちゅうちょ》せずに話を進めることができる。そうやって関係は円滑になる。

そこまでやっても円滑にならないのであれば、それはもう仕方がないこと。だが、人の心を開くには相手の心を読もうとするよりも、自分から歩み寄るのが一番の方法だというのは間違っていない。

イノベーションのジレンマと、本当の幸せの定義

大企業という仕組みより少数精鋭の方がいい。僕はここまでそう言い続けてきたが、決して大企業だから時代に対応できないということを言いたいわけではない。というのも、それは会社の経営判断であって、規模の問題ではないからだ。

たとえば、大手自動車メーカーでも、もしEVを導入したら、いままで培ってきた自社のガソリン車の強みがなくなるという判断もある。

古い事業を捨てて新しい時代に飛び込むのか、それとも古い事業を大事にしていくのか。市場がどんどん小さくなっていく中で、縮小均衡を守りながらやっていくのか。

それはどんな業界でも起こり得る「イノベーションのジレンマ」の問題だ。

そんなジレンマのある世界では、先を見据えなければならない。そして、先を見据えて何を選択するかは本人次第だ。

こんな童話がある。

広い庭で飼われてエサはもらえるが、鎖につながれて自由が奪われている「飼い犬」がいた。そこに野山を自由に動き回ることができるが、常にエサを自分で獲らなければ

ならない「野生の狼」がやってきて、どちらが幸せかについて話すというものだ。

飼い犬は生活が保証されているものの、世界は狭く、知らない景色が多いだろう。一方で野生の狼は、生活は保証されていないが、どんな景色だって自分次第で見ることができる。

僕の回答は完全に後者だ。だが、飼い犬を選択する人もいるだろう。

そもそも幸せのカタチは人それぞれであり、当然ながら、絶対的な幸せの定義などはどこにも存在しない。

いまの日本の法律では、簡単に社員をクビにすることはできない。だから、一度正社員になってしまえば、それがどんなに良い環境でも、どんなに劣悪な環境でも、会社に居続けるだけで、毎月決まった給料をもらうことができる。もちろん仕事にやりがいを感じて会社に所属している人もいるだろう。だが、すでに作られたビジネスモデルの中でベルトコンベアに組み込まれてしまっている人もいる。

そんな会社にいることを守ってもらえる環境ととるか、奴隷ととるかはその人次第。

親や学校の先生は、「あなたのためだ」と「飼い犬」を勧めてきたのではないだろうか。その方が安全だと思っているし、もし後者を勧めてしまって生活ができなくなったら、勧めた自分にも非があることになると感じているからだ。それが正しいと思い込んでいるし、いままで自分がやってきたことなのだから間違っているわけがないと思い込んでもいる。

そして、そのような価値観を子どもたちに教育し、経験させる。だから、日本では先の童話のケースで「飼い犬」を選択する人が多い。義務教育で習ったような「他人と同じことをするのが絶対的な善である」という、軍隊のような教育と言える考えだ。

だが、それが正しいと誰が言えるのだろうか？　見ている世界が狭いのではないか？　広い世界をしっかり見たうえで前者が良いというのであればそれでも構わないが、何も行動を起こさずに既存のレールに乗っているだけでは意味がない。

どちらが正しいということはない。しかし、行動せずに、「選択肢はこれしかない、こちらが正しい」と思い込んでいるようではダメだ。

「飼い犬」だっていつ飼い主がいなくなるかもわからないし、もしかしたら捨てられてしまうかもしれない。そういうことも考えてみて欲しい。そして、自分がいる環境を見つめて欲しい。広い世界を見て欲しい。

本当に幸せになりたいのなら、まずは広い世界を見てからでも遅くはない。そのためにちょっとだけ勇気をもって動いてもらえれば、と思う。

そして、そこに広がっている景色を目にしたとき、本書に書かれている内容を、真の意味で理解してもらえることだろう。

あとがき

ここ最近はじめた堀江貴文イノベーション大学校という、いわゆるオンラインサロンの仕組みがやっとワークしてきたところである。

本文中にも書いたが、先駆者たちのやり方の良いところを取り込んで工夫をした結果であるが、運営する過程でこれが現代社会のギャップを埋める活動であることを理論化できてきた。理論化というより言語化できてきたと言う方が正しいだろうか。


スマートフォン革命がもたらした物は数十億人の人たちに「賢い電話」と偽って、パソコン並の性能を持つガジェットをモバイルブロードバンドネットワークにつないだ状態で購入させたことだけではなく、ロボットやAI、そしてドローンなどなど現代の主要なイノベーションの元になっている。テクノロジーは大幅に進化している。

しかし社会がそれに追いついていないのが現状だ。そう、僕たちファーストペンギン、セカンドペンギンたちがそれを変えていかなければならないのだ。

この本を買って、あとがきまで読んでいる人は「積ん読」ではなくしっかり内容を読んだ人だと思う。だとしたら、繰り返し僕が訴えていた「行動すること」を実践に移さなければならない。だって、この本を読んだ時間が無駄になってしまう。

行動するのは実は簡単である。バカになればいいのだ。

僕はバカが悪いことだとは思わない。どんどんバカになって突拍子もない行動を起こす人が増えれば増えるほど、社会全体のイノベーションは活発化する。

この本を出した目的はそこである。すぐに行動することを求む。

2016年6月

堀江貴文

堀江貴文(ほりえ たかふみ)

1972年福岡県八女市生まれ。実業家。SNS media&consulting株式会社ファウンダー。元・株式会社ライブドア代表取締役CEO。東京大学在学中の1996年、23歳のときに、インターネット関連会社の有限会社オン・ザ・エッヂ(後のライブドア)を起業。2000年東証マザーズ上場。時代の寵児となる。2006年証券取引法違反で東京地検特捜部に逮捕、実刑判決を下され服役。現在は、自身が手掛けるロケットエンジン開発を中心に、スマホアプリ「TERIYAKI」「焼肉部」「755」のプロデュースを手掛けるなど幅広く活躍。有料メールマガジン「堀江貴文のブログでは言えない話」は1万数千人の読者。2014年には会員制のコミュニケーションサロン「堀江貴文サロン」(現・HIU)をスタート。

ベスト新書
525

99%の会社《かいしゃ》はいらない

二〇一六年七月二〇日 初版第一刷発行

著者◎堀江《ほりえ》貴文《たかふみ》
発行者◎栗原武夫
発行所◎KKベストセラーズ
東京都豊島区南大塚二丁目二九番七号 〒170-8457
電話 03-5976-9121(代表)
装幀◎坂川事務所
印刷所◎近代美術株式会社
製本所◎ナショナル製本協同組合
DTP◎株式会社オノ・エーワン

ISBN978-4-584-12525-0 C0295